A. Ketschau

Ratten sind auch nur große Mäuse. Kleine Fellnasen mit großem Herz.

Bibliografische Information der Deutschen Nationalbibliothek:

Die Deutsche Nationalbibliothek verzeichnet diese Publikation in der Deutschen Nationalbibliografie; detaillierte bibliografische Daten sind im Internet über

http://dnb.d-nb.de abrufbar.

© 2021; 2., überarb. Aufl.

Herstellung und Verlag: BoD – Books on Demand, Norderstedt

Ketschau, A.

Ratten sind auch nur große Mäuse. Kleine Fellnasen mit großem Herz.

ISBN 9783754338476

INHALT

Ratten richtig beschäftigen

Ein wenig Genetik

Literatur

Die Ratte

Herkunft und Verbreitung

Unsere Farbratten stammen von der Wanderratte (Rattus norvegicus) ab. Wanderratten stammen ursprünglich aus Steppengebieten Asiens. Jahrhundertelang wurden Ratten als vermeintliche Überträger der Pest gnadenlos verfolgt und umgebracht – ausgerottet hat man die Ratten mit den Verfolgungen und Nachstellungen allerdings nicht, denn Ratten sind viel zu intelligent, um sich ausrotten zu lassen. Wie dem auch sei, nicht die Ratten selbst übertrugen die Pesterreger, sondern die Flöhe, die AUF den Ratten lebten. Sie benutzten die Ratten „nur" als Wirtstier. Sobald die Ratten starben, suchten sich die Flöhe einen neuen Wirt. Nichtsdestotrotz wurden die Pestflöhe natürlich von den Ratten verbreitet. Im Übrigen handelte es sich bei den Ratten, auf denen die Pestflöhe lebten, um Schwarze Englische Hausratten. Unsere Farbratten dagegen stammen wie oben erwähnt von der Wanderratte ab. Farb- und Wanderratten haben also nichts mit den Pestepedemien zu tun. Wanderratten gelangten als Blinde Passagiere auf den Handelsschiffen von Asien nach Europa. 1553 stellte der Schweizer Naturforscher Konrad Gesner in seinem Tierbuch eine Ratte dar, vermutlich handelte es sich dabei um eine Wanderratte. Wir kennen geschichtliche Belege, die aus dem 18. Jahrhundert stammen und von Beobachtungen von Wanderratten handeln. 1735 wurden sie in Frankreich erwähnt, 1750 in Deutschland und um 1800 in Spanien. 1755 gelangten Wanderratten per Schiff nach Amerika – natürlich als „Blinde Passagiere". Wanderratten sind anpassungsfähiger als Haus- oder Dachratten (Rattus rattus). Die Hausratten sind selten geworden, da die Wanderratten sie verdrängt haben. Da die Ratten sich häufig am Korn zu schaffen machten, dieses anfraßen oder verunreinigten und sie zudem an der Übertragung bzw Verbreitung von Krankheitserregern nicht ganz unschuldig waren, versuchte man sie auszurotten. Bevor Gift zum Einsatz kam, versuchte man es mit Katzen sowie verschiedenen

Hunderassen wie Deutschen Spitzen, Pinschern, aber auch verschiedenen Jagdhunderassen wie z.B. Yorkshire Terriern, Russell Terriern oder anderen. Diese Hunde hielten Haus, Hof und Stall zwar mitunter ratten- und mäusefrei, aber ausrotten konnten sie

V. l.: Wander-, Haus und Farbratte.

die Ratten nicht. Die Hunde mussten schnell und wendig sein und die Ratten möglichst mit einem Biss töten. Nach einiger Zeit kamen die Eigentümer der Hunde auf die abartige Idee, die Hunde in Gruben gegen gefangene Ratten kämpfen zu lassen. Es wurden Wetten darauf abgeschlossen, welcher Hund in der kürzesten Zeit die meisten Ratten „erledigte". Die Ratten wurden vorher eingefangen und in die „Pits" gesteckt. Natürlich wurde bei diesen Wetten viel Geld auf den besten Hund gesetzt. Jimmy Shaw und Jack Black aus London waren zwei der bekanntesten Rattenfänger jener Zeit. Sie sollen Anfang/ Mitte des 19. Jahrhunderts schon Wanderratten mit abweichenden Farben gefangen haben. Weiße, Schecken und andere Farben wurden von den „Grauen" getrennt und an Labors verkauft oder sie wurden in „Pits" (Kampfringe) gesteckt. Manchmal kauften auch Liebhaber solche „andersartigen" Ratten und gaben hohe Geldsummen für sie aus. Die Liebhaber züchteten auch solche Farbschläge gezielt. Auch Labors entdeckten die Ratten recht früh für sich. Es wird auch heute noch in der

9

Krebsforschung mit Ratten experimentiert. Das ist der Grund, warum Ratten heute häufig an Tumoren erkranken und nicht selten daran auch sterben. Wahrscheinlich haben die Experimente mit der Zeit auch das Erbgut der Ratten verändert. Zahme Ratten sind also direkte Abkömmlinge der Wanderratte. Dennoch kann man beide nicht unbedingt in einen Topf werfen. Farbratten wurden über Jahrzehnte gezielt gezüchtet, sodass sich verschiedene äußerliche und Wesensmerkmale gefestigt haben. Farbratten sind normalerweise äußerst anhänglich und liebenswert, wenn man vernünftig mit ihnen umgeht. Sie sind friedlich und zahm, die Wanderratte dagegen ist eher scheu, wenn der Mensch nicht den Fehler macht, sie – wenn auch unabsichtlich – anzufüttern, beispielsweise durch die Entsorgung von Essensresten auf dem Komposthaufen. Neben der Krebsforschung wurden Ratten auch in der Verhaltensforschung eingesetzt. Die meisten Ratten werden aber heutzutage als Liebhabertiere gehalten (oder als Futtertiere gezüchtet...). Die Engländerin Mrs. Douglas widmete ihr Leben den Ratten. Sie kämpfte unermüdlich für ihre Wertschätzung. Mrs. Douglas starb 1921. Daraufhin gingen die Zahlen der zahmen Ratten in privaten Haushalten rapide zurück. Erst seit den 1970er Jahren wird die Ratte wieder als Haus- und Ausstellungstier geschätzt und erlebte seitdem einen wahren Boom. Auch wenn heute noch viele Menschen ihre Vorbehalte sogar zahmen Farbratten gegenüber haben, hat sich die Einstellung zur Ratte doch geändert. Sie hat Einzug gehalten in private Wohn- und Kinderzimmer, in Büchern und Filmen wird sie durchaus auch positiv – wenn auch nicht immer wirklich real – dargestellt. Denken wir nur an das liebenswerte Rattenböckchen „Remy" aus dem Pixar-Film „Ratatouille", das ein Restaurant vor dem Untergang bewahrt oder an Rattenböckchen „Walter" aus der wunderschönen Geschichte „Ein Weihnachtsgeschenk für Walter" von Barbara Wersba. Im Original heißt die Geschichte „Walter. The Story of a rat". Letzteres beschreibt das recht einsame Leben der Buchautorin Amanda Pomeroy, in das sich die kleine Ratte Walter eingeschlichen hat. Walter kann lesen und schleppt immer wieder heimlich eines von Ms.

Pomeroys Büchern in seinen Bau, um es dort zu lesen und anschließend wieder zurück zu bringen. Schließlich freunden sich Ms. Pomeroy und Walter an. Beide Geschichten – die von Walter und die von Remy – sind natürlich realitätsfern. Aber sie sind einfach liebenswert und verhelfen der Ratte zu einem besseren Image. Nicht weil sie so viel mit der Realität gemeinsam hätten, sondern weil die Ratte hier nicht als widerlich, ekelhaft und hinterhältig dargestellt wird, sondern als klug, possierlich, niedlich, hilfsbereit und liebenswert. Ebenfalls eine schöne Geschichte ist „Der Wind in den Weiden" (The Wind in the Willows) von Kenneth Graham. Ein schön illustriertes Buch, das zu den weltweit am meisten verkauften zählt. In dieser Geschichte flieht ein Maulwurf vor dem Frühjahrsputz und trifft auf Ratte, Dachs und Kröte. Die Tiere tragen menschliche Züge, leben in Behausungen mit Möbeln, in Miniformat und an ihre natürlichen Lebensweisen angepasst. Obwohl die Tiere in der Geschichte den Menschen und ihren Verhaltensweisen ähnlich sind, entspricht ihr Leben dem in der Natur. Sie leben in der Freiheit, folgen dem Lauf des Jahres, dem Ruf der Heimat und möchten nichts davon missen: die Sicherheit ihres Baus und die Treue ihrer Gefährten. Sie fahren mit dem Auto, streichen ihre Wohnung, machen Hausputz, trinken Tee. Das Buch ist offensichtlich in unterschiedlichen Auflagen bzw in verschiedenen Verlagen erschienen, und auch mit unterschiedlicher Ausstattung. Die Illustrationen der einzelnen Ausgaben unterscheiden sich. Das Buch ist entzückend, für junge und alte Leser!

Anatomie, Wesen und Verhalten

Wie schon beschrieben, stammen unsere Farbratten von den Wanderratten (Rattus norvegicus) ab. Sie können gut klettern, hören und springen. Sie können ihren Körper durch jeden Spalt zwängen, sofern auch der Kopf hindurch passt. Dies können normalerweise nur Tiere ohne Schlüsselbein. Bei Ratten jedoch ist das Schlüsselbein normal ausgebildet. Ratten können gut sprinten, sind sehr gelenkig. Sie ähneln den anderen echten Mäusen sehr, sind aber kräftiger und größer. Ratten sind auch nur „große Mäuse"! Ratten sind eher mittelgroß, der Schwanz ist körperlang, spärlich behaart und mit vielen kleinen Schüppchen besetzt. Vorder- und Hinterläufe sind etwa gleich lang. Ratten haben wie alle Nagetiere weiches, wolliges Unterfell und härteres, etwas längeres Deck- oder Grannenhaar. Die Ohren sind nur leicht behaart, an den Pfötchen haben Ratten kein Fell. Ratten orientieren sich mit Tasthaaren (Vibrissen) an Schnauze und Augen auch im Dunkeln. Sie reagieren auch auf Berührungsreize durch die Leithaare an Beinchen und Flanken. Wilde Ratten sind überwiegend braun, grau oder schwarz gefärbt. Bei Farbratten aus Zuchten dagegen gibt es sehr viele Farben von Reinweiß, über Grau, Braun, Rot, Creme, Blau, Schwarz. Aber auch weißgescheckte Ratten oder solche mit anderen Farbschlägen, z.B. Siamabzeichen, kommen vor (siehe auch Genetikkapitel). Rättchen kommen taub und blind zur Welt, sie haben auch noch kein Fell. Um den 15. Tag herum öffnen sich die Augen der Rattenwelpen. Das Blickfeld umfasst 360 °C. Mögliche Fressfeinde wie Füchse, Katzen oder auch Greifvögel bleiben auf diese Weise selten unbemerkt. Ratten sehen im Dunkeln oder Halbdunkeln recht gut, das Farbensehen scheint nur sehr undeutlich ausgeprägt zu sein. Man sollte Ratten keinem grellen Sonnenlicht aussetzen, wenn sie nicht die Möglichkeit haben, sich in eine dunkle Ecke zurückzuziehen. Den Ratten schadet das grelle Licht. Besonders nicht und schlecht pigmentierten Rattenaugen (wie denen von Albinos) bekommt grelles Licht nicht gut. Ratten sind Makrosmaten, können also sehr gut riechen. Sie besitzen – ähnlich wie Hunde – eine flächenmäßig groß ausgebildete Riechschleimhaut. Düfte spielen z.B. bei der Erkennung von Feinden oder Rudelgenossen, aber auch bei der Ernährung, Fortpflanzung und Partnerwahl eine Rolle. Über den Geruchssinn „orten" Ratten auch Nahrung. Das unter der Nasenhöhle sitzende Jacobson'sche Organ spielt bei der Geruchserkennung ebenfalls eine große Rolle. Rattenpfötchen sind unbehaart, die vorderen Pfötchen haben fünf, die hinteren vier Zehen mit Krallen. Die Daumen sind zurückgebildet. An ihnen findet man keine Krallen. Rattenschwänze haben eine „Sollbruchstelle". Der Schwanz reißt ein oder ab, wenn man Ratten am Schwanz hochnimmt oder ein Beutegreifer sie dort packt. Eine Ratte darf nie, niemals (!) am Schwanz festgehalten oder gar hochgehoben werden! Das ist schlimmste Tierquälerei und der Schwanz kann – ich sage es hier noch einmal - ein- oder abreißen! Von Blindschleichen kennen wir etwas ähnliches: packt etwa ein Beutegreifer ihren Schwanz, kann die Blindschleiche einen Teil davon abstoßen. Hat sie Glück, ist der Beutegreifer erst einmal mit dem abgeworfenen Schwanzende beschäftigt, und die Blindschleiche kann fliehen. Der Schwanz der Blindschleiche wächst aber höchstens zweimal nach, und die Blindschleiche ist nach Abwerfen des Schwanzes zeitlebens verstümmelt. Man nimmt weder Mäuse, noch Blindschleichen, Ratten oder andere Tiere am Schwanz hoch! Bei Rattenböckchen, die nicht kastriert sind, sind die Hoden unter dem Schwanz gut zu erkennen. Rättinnen erkennt man an drei Öffnungen von After, Genitale und Harnröhre, die eng zusammenliegen. Bei Böckchen ist der Abstand von After und Glied relativ groß. Ratten besitzen eine Harder'sche Drüse im inneren Augenwinkel. Diese erzeugt ein rötliches Sekret. Wahrscheinlich hält dieses den Augapfel sauber und geschmeidig. Ratten können nicht schwitzen. Der Wärmeausgleich findet über die wenig behaarten Öhrchen, Pfötchen und den Schwanz statt. Ratten haben einen mittels Falte geteilten Magen. Sie verspüren auch keinen Würgereflex. Auf diese Weise sind Ratten nicht in der Lage zu erbrechen. Ratten sehen mittelmäßig gut. Sie können Farben unterscheiden und selbst in der Dämmerung verschiedene Grautöne differenzieren, die kaum voneinander abweichen. Die Sehschärfe ist aber trotzdem gering. Bewegte Objekte nehmen Ratten besser wahr als unbewegte. Da Rattenaugen seitlich am Kopf sitzen, überschneiden sich die Sehfelder nur gering. Ratten sehen nicht besonders gut räumlich; Entfernungen sind für sie nicht gut abschätzbar. Sie können aber gleichzeitig beinahe 360 ° überschauen, der Kopf kann dabei in ruhiger, unbeweglicher Position verharren. Ratten können die leisesten Töne wahrnehmen. Ihr Gehör vermag Töne im Ultraschallbereich wahrzunehmen, die Hörgrenze liegt mit über 80000 Hz in einer für Menschen nicht mehr hörbaren Zone. Untereinander verständigen sich Ratten ebenfalls überwiegend im Ultraschallbereich. Ratten verfügen über ca. 10.000.000 Riechzellen. Der Geruchssinn wird z.b. dazu benutzt, Feinde, aber auch Rudelmitglieder, menschliche Bezugspersonen oder Futter zu erschnüffeln. Über den Duft finden Ratten auch das Geschlecht des Gegenübers und eine eventuelle Paarungsbereitschaft heraus. Ratten setzen auch Harntröpfchen als Duftmarken ab. So können Ratten bekannte und unbekannte Artgenossen differenzieren, sie können eine eventuelle Paarungsbereitschaft signalisieren usw. Ähnlich wie Hunde eingesetzt werden, um Krebszellen bei Menschen zu erschnüffeln, kamen hierfür auch schon Ratten zum Einsatz. Die Tasthaare (Vibrissen) an Kopf, Schnäuzchen und Körper ermöglichen der Ratte die Orientierung in der Umgebung, auch in völliger Dunkelheit. An den Pfötchen besitzen sie empfindliche Rezeptoren, die der Ratte Aufschluss über den Bodengrund geben. Auch Erschütterungen feinster Art spüren Ratten. Sie erspüren auch ein Erdbeben, lange bevor es sich für Menschen messbar ankündigt. Ratten und auch andere Tiere verlassen ihre Baue, lange bevor das Erdbeben „ausbricht". Ratten erspüren über die Geschmacksknospen auf der Zunge den Geschmack, die Art und die Genießbarkeit der Nahrung. War einmal etwas für die Ratte nicht wohlschmeckend, oder löste es bei der Ratte etwas Negatives aus, wurde diese Nahrung in der Zukunft gemieden. Scheinbar werden Geschmack, Geruch und Art der einmal als ungenießbar eingestuften Nahrung im Gehirn als „zu vermeiden" abgespeichert. Ratten können deshalb auch mäkelig reagieren, wenn ihr einmal gewohntes Futter verändert wurde oder wenn man neue Obst- und Gemüsesorten ausprobiert. Ratten lernen schon als Welpen z.T. von ihrer Mutter, was sie fressen dürfen. Ratten können sich ausgezeichnet orientieren. Im Gehirn werden alle Orientierungspunkte dreidimensional abgespeichert. Die Ratte kann sich Wege und Handlungen offenbar merken und diese auch rückwärts ablaufen lassen, sich also räumlich erinnern. Wilde Ratten leben in Rudeln, die in der Größe von etwa 20-200 Tieren stark variieren können. Die Rudel bestehen meist aus miteinander verwandten Tieren. Die Rudelmitglieder erkennen sich am Geruch. Fremde Ratten, die auch anders riechen, werden vertrieben. Die Verständigung der Rudelmitglieder untereinander erfolgt durch Duft-, Körper- und Lautsprache. Was als Besitz betrachtet wird, markieren die Ratten mit Harntröpfchen (das tun sie auch in Menschenobhut, auch der Mensch kann markiert werden). Einzelne Böckchen können sich mit mehreren Rättinnen paaren und umgekehrt. Zur Futtersuche, zur Erkundung des Reviers oder um ein neues Revier zu finden, marschieren die Ratten normalerweise gemeinsam los. Ratten verständigen sich untereinander im Ultraschallbereich, wobei sie z.B. auf ihren Aufenthaltsort oder auch auf Futtervorkommen aufmerksam machen können. Sie können aber auch für den Menschen wahrnehmbare Laute von sich geben. So z.B. Fauchen und Schnauben zum Drohen und Warnen (Abwehr von Eindringlingen), Fiepen (Angst, z.B. wenn Rattenwelpen nach der Mutter rufen oder wenn eine Ratte von einem Beutegreifer bedroht wird), Zähneknirschen. Letzteres kann Angst, Schmerz, aber auch Wohlbefinden ausdrücken. Obwohl diese Art der Verständigung dazu dient, Feinde nicht „mithören" zu lassen, scheinen einige Beutegreifer wie z.B. Katzen genau zu wissen, was da „gesprochen wird". Um sich zu begrüßen, beschnüffeln Ratten gegenseitig ihre Schnauze und ihren Analbereich. Droht eine Ratte, werden ihre Bewegungen langsamer, die Beinchen werden steif, der Körper wird seitlich gegen den Gegner gestellt, das Fell kann sich sträuben, die Augen sind geschlossen. Unterwirft sich eine Ratte, dreht sie sich auf die Seite oder den Rücken. Um die Umgebung nach Gefahren und Feinden abzusichern, stellt sich die Ratte aufrecht auf die Hinterfüßchen und horcht und schaut aufmerksam in die gesamte Umgebung. Ratten, die sich sympathisch sind, liegen oft eng

15

aneinander gekuschelt auf einem Platz, z.B. in einer Höhle oder Hängematte. Ratten brauchen unbedingt Kontakt zu Artgenossen! Zwei Ratten muss man mindestens halten, drei oder vier wären sogar besser. Ratten verstecken sich gerne in Unterschlüpfen und beobachten von dort aus aufmerksam ihre Umgebung. Beim Fressen sitzen die Ratten auf den Hinterbeinen und halten die Nahrung mit den Vorderpfötchen. Rattenböckchen bearbeiten bei Auseinandersetzungen ihren Gegner mit den Pfötchen, was an menschliche Boxer erinnert. Ratten sind sehr reinliche Tiere und putzen täglich stundenlang ihr Fell und ihre Pfötchen, aber auch befreundete Ratten putzen sich gegenseitig. Rättinnen putzen auch ihre Welpen.

Systematik	
Ordnung	Nagetiere
Unterordnung	Mäuseverwandte (Myomorpha)
Familie	Mäuse (Muridae)
Gattung	Eigentliche Ratten
Art	Hausratte (Rattus rattus)
Art	Wanderratte (Rattus norvegicus)

Steckbrief Wanderratte	
Körpergewicht	Ca. 250-450 g
Körperlänge	Ca. 20-26 cm
Schwanzlänge	Ca. 18-22 cm
Schwanz und Ohren	Leicht behaart, Schwanz auch mit Schüppchen
Fellfarbe	Agouti (gelb/ braun/ grau)
Lebensraum	In Gewässernähe, auf feuchten Wiesen und Feldern, hier und da auch in Kanalisationssystemen

	(„Wasserratten") und auf Müllsammelplätzen
Lebensweise	Überwiegend dämmerungsaktiv, kann sehr gut klettern, gräbt Tunnelsysteme.
Ernährung	Überwiegend vegetarisch, Körner (Getreide), Früchte; hier und da werden auch kleinere Tiere (z.B. Mäuse) erbeutet.
Sonstiges	Die Wanderratte kann ausgezeichnet schwimmen und tauchen; hochsozial, intelligent, anpassungsfähig/ flexibel, gutes Ortsgedächtnis.

Vielseitige Ratten – Verschiedene Typen und Farben

Wie beschrieben, stammen unsere Farbratten von den Wander- und auch den Laborratten ab. Seriöse Züchter von Farbratten achten auf Gesundheit, gutes Wesen, genetische Vielfalt. Die Ratten sollen resistent gegen Krankheiten, langlebig und lieb sein, nicht scheu oder bissig, sondern ihren Menschen zugetan. Leider erkranken dennoch viele Farbratten an Krebs und anderen schlimmen Krankheiten. Unsere Heimtier- oder Farbratten gibt es in vielen Farben, teilweise variieren auch die Körperform oder die Haarart. Es gibt normalhaarige Ratten, langhaarige Ratten, solche mit gelocktem Fell, aber auch Ratten, die (fast) gar keine Haare haben. Und Ratten kommen in vielen unterschiedlichen Farbschlägen vor. Von rein weiß, über grau, braun, blau, rot, bis hin zu schwarz. Aber auch verschiedene Scheckungs- und Zeichnungsvarianten gibt es. Im Genetikteil gehe ich ein wenig ausführlicher darauf ein, hier möchte ich nur einige Farben in aller Kürze beschreiben. Es gibt einfarbige Ratten (selfs), nicht einfarbige Ratten (marked varieties), Haubenratten (hooded), die weißes Fell und anders gefärbte Schultern und

Köpfe („Häubchen") aufweisen. Der Farbstreifen soll sich über den Rücken bis zum Schwanz ziehen. Andere haben ein Kopfkäppchen (Capped). Solche Ratten sind weiß und haben am Kopf Farbe, die aber nicht über das Kinn oder die Ohren hinausgehen soll. Farbige Ratten mit weißen Abzeichen an Bauch, Schwanz und Pfötchen nennt man Berkshire. Farbige Ratten mit dreieckigem weißen Brustfleck nennt man Irish. Mit Schimmelung: variegated. Mit weißer Blesse: Blazed. Hier ist eine weiße, möglichst gleichmäßige (symmetrische) Blesse, also ein weißer Streifen vom Schnäuzchen bis zu den Ohren gemeint. Helles bis weißes Fell mit dunklen Abzeichen an Schwanz, Ohren, Gesicht und Pfötchen (bei Böckchen auch der Hodensack) nennt man Siam oder Himalaya. Eine weiße Ratte mit einem dunklen Sattel, egal in welcher Farbe, auf dem Rücken und einer weißen Blesse auf der Stirn nennt man Husky, nach der nordischen Hunderasse. Ratten werden in vielen unterschiedlichen Farbschlägen gezüchtet. Ein wenig genauer gehe ich darauf im Genetik-Kapitel ein. Einige Websites und Bücher beschäftigen sich ebenfalls mit diesem Thema. Die Rattenvereine organisieren auch Zuchtschauen, bei denen man sich mit Züchtern austauschen und verschiedene Farbschläge, Zuchtformen usw in Augenschein nehmen kann. Dort findet man viele schöne Ratten in unterschiedlichen Farbschlägen. Vielleicht sind ja bei einem der nächsten Würfe der ausstellenden Züchter ein paar niedliche Knopfaugen im gewünschten Farbschlag dabei. Dabei sollte man aber auch nicht die vielen Ratten vergessen, die in Tierheimen einsitzen oder von privaten Pflegestellen betreut werden und ebenfalls auf ein dauerhaftes, liebevolles Zuhause warten. Keinesfalls sollte man Qualzuchten unterstützen, wie haarlose Ratten, schwanzlose Ratten oder andere Ratten mit Schädigungen an den Sinnesorganen. Andererseits soll es auch haar- und schwanzlose Ratten geben, die keine Probleme haben. Ich habe da so meine Zweifel... Was ebenfalls umstritten ist: die Zucht von Dumboratten, die recht große Ohren haben. Auch diesen Ratten sagt man nach, eine Qualzucht zu sein, sie würden unter Taubheit leiden oder hätten Anomalien an der

Wirbelsäule. Belegt ist weder dies noch das Gegenteil. Allerdings scheint es einige Dumboratten zu geben, die absolut gesund und putzmunter sind. Es gibt auch Rexratten mit gekräuseltem Fell. Bei diesen Ratten brechen gerne mal die Vibrissen ab. Wie wir wissen, brauchen Ratten diese Tasthaare zur Orientierung. Deshalb ist auch die Zucht von Rexen umstritten. Auch Ratten mit schlecht oder nicht pigmentierten Augenhintergründen (z.B. Albinos) sollen Probleme mit den Sinnesorganen haben. Und zumindest teilweise stimmt das auch. Es müsste hier aber ein allgemeines Umdenken unter den Züchtern stattfinden. Es ist fraglich, ob die Zucht von Ratten sein muss, die unter solchen Anomalien und Problemen leiden. Es gibt auch schwanzlose Ratten. Auch hier frage ich mich, was der Mensch mit der Zucht solcher Ratten bezwecken will. Es sieht nicht nur seltsam aus (!). Der Schwanz ist auch ein Teil der Wirbelsäule. Die Ratte benötigt ihn zur Koordinierung ihrer Bewegungen und zur Wärmeregulation des Körpers. Albinoratten leiden zudem unter zu hoher Helligkeit. Man muss sie stets vor zu greller Sonneneinstrahlung schützen (allerdings müssen sich auch Ratten mit dunklen Augen stets in den Schatten zurück ziehen können). Ansonsten gilt: was gefällt und der Ratte keinesfalls schadet, ist erlaubt. Aber es darf nicht in Übertreibungen oder gar Qualzucht ausufern. Zum Teil ist das allerdings leider schon geschehen. Rattenkäufer sollten diesen Trend eigentlich nicht durch den Kauf einer entsprechenden Ratte unterstützen. Aber da sowieso mehr Ratten „produziert" werden, als an Liebhaber verkauft (z.B. werden sie vielfach von Katzen- und Schlangenhaltern als Futtertiere gekauft) fallen die Qualzuchten leider nicht ins Gewicht. Sie werden produziert, egal ob sich Tierfreunde darüber aufregen und den Verkauf torpedieren oder nicht. Helfen könnte hier nur eine Änderung von Gesetzestexten, die die Vermehrung und Zucht von „Qualzucht-ratten" explizit verbieten. Dennoch rate ich unbedingt davon ab, solche Qualzuchten als Heimtiere aufzunehmen. Ich kann Rattenhalter verstehen, die Ratten aus dem Zooladen kaufen. Ich bin zwar für den Kauf direkt beim seriösen Züchter, aber da die Ratten und Mäuse in Zoogeschäften sowieso überwiegend im Magen von Schlange & Co. enden, kann man durchaus hin und wieder so ein bemitleidenswertes Geschöpf bei sich aufnehmen und ihm ein solches Schicksal ersparen. Man kurbelt damit ja – anders als bei Hunde- und Katzenvermehrern (und ich meine hiermit keine seriösen Züchter!) – nicht die Vermehrung bzw den Verkauf der Tiere an. Die Ratten und Mäuse wären ohnehin produziert worden. Warum dann nicht hin und wieder so ein bemitleidenswertes Geschöpf retten? Ich will nicht die Schlangen- und Katzenhalter verteufeln (ich halte selbst eine Katze), denn Kleinsäuger gehören nun mal zur natürlichen Ernährung von Schlange und Katze. Aber es stimmt schon traurig, dass die meisten Farbratten und -mäuse nur für diesen einen Zweck herhalten müssen, sofern man sie nicht in der Forschung „verbraucht"…. Von den fragwürdigen Bedingungen der Vermehrung (Zucht kann man das zum Teil nicht nennen) möchte ich hier gar nicht reden.

Neben den verschiedenen Farbschlägen gibt es übrigens auch bei Farbratten unterschiedliche Behaarungen. Es gibt bei Ratten härteres Haar, aber auch feines, weiches Fell (Satin). Es gibt Ratten, die (fast) gänzlich unbehaart sind (z.B. Sphynx), solche mit lockigem Fell, aber auch langhaarige Ratten. Ob diese Ratten in der Natur überleben würden, ist fraglich. Solange Ratten aber in menschlicher Obhut ein schönes, würdiges Leben führen dürfen, können sie ruhig in verschiedenen Varietäten (ich meine keine Qualzuchten!) gezüchtet werden. Darunter dürfen aber nie Gesundheit, gutes Wesen und Vitalität leiden.

Ratten sollen es sein

Überlegungen vor dem Kauf von Ratten

Ratten sind **Rudeltiere**. Man darf Ratten niemals alleine halten! Das wäre schlimmste Tierquälerei! Dabei ist es nebensächlich, wieviel man sich mit seiner Ratte beschäftigt, Ratten brauchen unbedingt Artgenossen! Zwei Ratten müssen es mindestens sein, 3 oder 4 wären sogar besser. Einzelhaltung ist eine Qual für Ratten. Abgesehen davon ist es absolut entzückend, den Ratten dabei zuzusehen, wie sie sich beim Schlafen liebevoll zusammenkuscheln oder wie sie mit einander umgehen. Bei größeren Gruppen muss man außerdem im Todesfall einer Ratte nicht sofort losstürmen und eine neue Ratte besorgen. Wie beschrieben, müssen mindestens 2 Ratten gehalten werden, mehr wären allerdings besser. U.a. kommt es in größeren Gruppen weniger zu Streitereien und Beißereien. Ratten, auch zahme Farbratten, sind nicht jedermanns Sache. Deshalb sollten alle Mitglieder der Familie mit der Rattenhaltung einverstanden sein. Im Zweifelsfall sollte man auch testen lassen, ob in der Familie **Allergien** gegen Ratten bzw Kleinnager bestehen. Einige Allergiker kommen trotzdem gut mit der Rattenhaltung zurecht, etwa, wenn sie die Ratten nicht in ihrem Schlafzimmer unterbringen, beim Reinigen des Käfigs Einmal-Latexhandschuhe tragen und die Ratten nur auf ihrer bekleideten Haut (also nicht auf dem bloßen Arm o.ä.) herumlaufen lassen. Außerdem sollten sich Allergiker nach dem Rattenkontakt die Hände gründlich waschen. Vielleicht hilft es auch, beim Rattenkontakt einen Kittel o.ä. anzuziehen und diesen danach wieder abzulegen. Natürlich muss dieser Kittel regelmäßig gründlich gewaschen werden (am besten bei 90° C). Ratten werden leider nicht sehr alt. Sie können zwar ein **Alter** von **6-7 Jahren** erreichen, meistens werden sie aber nicht älter als **1,5-4 Jahre**. Es ist traurig, ein geliebtes Familienmitglied nach so kurzer Zeit schon wieder zu verlieren. Für Kinder ist der Verlust oft schwer zu verkraften. Gleichzeitig lernen sie aber hier auch, mit dem Thema Tod umzugehen. Natürlich verursachen Ratten auch **Kosten**. Züchter verlangen etwa 15-20 € pro Ratte, in Zoofachgeschäften sind sie meistens günstiger. Ratten aus dem Tierschutz werden oft ein wenig günstiger abgegeben. Dafür können aber Voliere und sonstiges Zubehör sowie eventuell notwendige Tierarztbesuche ziemlich hohe Kosten verursachen. Vielleicht bekommt man irgendwo eine gute Voliere gebraucht etwas günstiger. Es gibt auch Anbieter für maßgefertigte

Volieren, die alles nach Kundenwünschen anfertigen. Damit habe ich gute Erfahrungen gemacht. Notfalls kann man sich auch nach einer gebrauchten Voliere umsehen, die dann sicher etwas günstiger angeboten wird. Wer handwerklich geschickt ist, kann eine Voliere auch selbst anfertigen. Da Ratten gerne nagen, muss man sich hier etwas einfallen lassen, damit man nicht nach einigen Monaten schon wieder eine neue Voliere heranschaffen muss (vielleicht die Kanten mit metallenen Knabberschutzleisten versehen, gleich eine metallene Voliere anschaffen o.ä.). Ratten können krank werden, hier muss man mit höheren **Tierarztkosten** rechnen. Ratten verursachen auch **Schmutz**. Der Käfig muss regelmäßig gereinigt werden, damit nichts unangenehm riecht und Ratten und Mensch nicht krank werden. Ratten brauchen Futter, Wasser und regelmäßige **Beschäftigung mit dem Menschen**. Beschäftigt sich der Mensch nicht ausgiebig mit seinen Ratten, werden sie schnell scheu und bissig. Ratten besitzen einen gewissen Eigengeruch, die eine mehr, die andere weniger, und diesen nimmt man auch wahr, wenn man ins Rattenzimmer kommt. Es darf aber keinesfalls stinken! Dann stimmt wahrscheinlich etwas mit der Hygiene nicht. Ratten **markieren**, was nach einer Kastration meistens schwächer wird. Beide Geschlechter markieren, die einen Ratten mehr, die anderen weniger. Ratten markieren mit winzigen Harntröpfchen, um ihr Revier zu markieren, wozu auch der Mensch gezählt wird. Auch der Mensch kann also mit winzigen Harntröpfchen markiert werden. Auch hier tut ein Kittel gute Dienste, den man sich überstreift, wenn man sich mit seinen Ratten beschäftigt. Man streift ihn über, wenn man zu seinen Ratten geht, und zieht in wieder aus, wenn man das Zimmer verlässt. Die Kleidung darunter wird dann verschont. Wird dieser Kittel gewaschen, reagieren die Ratten wahrscheinlich wieder mit verstärktem Markieren. Bei der Eingewöhnung einer neuen Ratte muss man etwas mehr Zeit veranschlagen, damit das Tier Vertrauen fasst. Vernachlässigt man seine Ratten, werden sie scheu und bissig. Jungtiere **quieken** gerne mal, Ratten liefern sich auch kleinere **Verfolgungsjagden** durch die Voliere. Das kann nächtlichen Schlaf schon mal stören…. Übrigens können auch (nahezu) haarlose Ratten **Allergien** auslösen! Wie beschrieben, werden die meisten Ratten nicht sehr alt. Sind sie 3 oder 4 Jahre alt, können wir bereits zufrieden sein, obwohl sie knapp doppelt so alt werden können. Nicht wenige Ratten erleben nicht einmal ihren 2. Geburtstag. Der Verlust eines solch kleinen, entzücken-den, liebevollen Wesens ist sehr schlimm. Das muss vor dem Kauf bedacht werden. Leider werden auch nur relativ wenige Ratten „gesund alt". **Auch in Zeiten von Alter und Krankheit muss man seinen „Riesenmäuschen" die Treue halten.** Selbst dann, wenn der einzige Weg, die Ratte von Schmerz und Qual zu befreien, die Euthanasie ist. Das gehört zur Verantwortung, die der Rat-tenhalter mit dem Tag der Übernahme der Ratte mitübernom-men hat. Bei der **Haltung mit anderen Tieren** muss man ebenfalls einiges beachten. Man sollte Ratten nicht mit Katzen alleine las-sen, denn sie gehören zum natürlichen Beutespektrum der Katze. Auch wenn es noch so niedlich aussieht, wenn die Katze die Ratte putzt: durch bestimmte Bewegungen der Ratte wird der Jagdtrieb der Katze ausgelöst, und das kann für die Ratte – obwohl im Ernstfall äußerst wehrhaft - fatale Folgen haben. Des-halb: leben Katzen und Ratten im selben Haushalt, unbedingt für eine sichere Unterbringung der kleinen Nager sorgen, so dass sie dort unbehelligt bleiben. Auch größere Vögel, Frettchen oder Hunde könnten den Ratten gefährlich werden. Deshalb immer für sichere Verwahrung der Ratten sorgen! Ratten wiede-rum könnten den deutlichen kleineren Mäusen oder auch klei-neren Vögeln gefährlich werden, da auch bei den Ratten ein Jagdtrieb ausgelöst werden kann. Am besten hält man die Rat-ten so, dass sie keinerlei Kontakt zu anderen Haustieren haben, das heißt, man bringt sie sicher in ihren Volieren unter und hält das Rattenzimmer stets geschlossen (ggfs Türen abschließen). Desweiteren muss man bedenken, dass **viele Menschen Ratten nicht mögen oder sogar Angst vor ihnen haben.** Man läuft nicht mit der Ratte auf der Schulter durch die Stadt. Das kann andere Menschen stören, außerdem kann die Ratte abstürzen, sich schwer verletzen oder ausbüchsen und auf

Nimmerwiedersehen verschwinden! Eine zahme Farbratte kommt draußen alleine nicht zurecht. Es drohen Gefahren wie Nahrungs- und Wassermangel (was die Ratte vielleicht noch „drehen" könnte), Beutegreifer, Straßenverkehr, Gift, rattenhassende Menschen, die dann nicht zwischen Wild- und Farbratte unterscheiden (können oder wollen), Menschen, die Angst vor Ratten haben, schädliches Sonnenlicht ....

Was passiert mit den Ratten im Urlaub? Mitnehmen ist keine gute Idee. Entweder, man sucht eine gute **Tierpension** (auch bei anderen Rattenhaltern erkundigen), einen „**Ratsitter**", der die Ratten für die Dauer des Urlaubs (oder sonstiger Abwesenheit des Halters) bei sich aufnimmt oder in der Wohnung des Rattenhalters betreut, oder man versucht es im Tierheim. Vielleicht können andere Rattenhalter oder der Tierarzt geeignete Kontakte vermitteln. Werden die Ratten von Verwandten und Bekannten (entweder direkt in deren Haushalt oder eben im eigentlichen „Rattenzuhause") betreut, erklärt man diesen, auf was es bei der Betreuung ankommt, legt am besten eine entsprechende Liste parat, auch die Eigenheiten der Ratten sollte man aufschreiben, eventuell mit Foto und Beschreibung jeder einzelnen Ratte. Ausreichend Einstreu und Futter muss vorhanden sein. Außerdem legt man Adresse und Telefonnummer des behandelnden Tierarztes parat (eventuell etwas Bargeld da lassen; an eine Transportbox denken). Außerdem sollte man eine Emailadresse, Telefonnummer sowie Kontaktdaten des Feriendomizils hinterlegen, falls im Notfall Kontakt aufgenommen werden muss. Bei der Unterbringung im Tierheim oder einer Tierpension ist natürlich eine entsprechende Gebühr zu entrichten. Wird die Rattenfamilie privat betreut, reicht ein kleines Dankeschön, vielleicht ein Blumenstrauß oder ein kleines Mitbringsel aus dem Urlaub (natürlich ist aber auch ein „größeres Dankeschön" erlaubt – das liegt im Ermessen des Rattenhalters).

Viele Ratten werden im **Tiergeschäft** gekauft. Man kann aber auch aus dem **Tierheim** Ratten adoptieren (natürlich gegen eine geringe Schutzgebühr), gewisse **Nothilfeorganisationen** vermitteln ebenfalls Ratten. Es gibt auch private Pflegestellen, die Ratten so-

lange be-
treuen, bis sie in ein dauerhaftes Zu-
hause umzie-
hen. Manch-
mal bleiben die Ratten auch für immer dort. Au-
ßerdem gibt es **Ratten-
zuchtvereine**, die Kontakte zu seriösen Züchtern von

Vorsicht: Ratten können wertvolle Bücher, Dokumente und ähnliches annagen oder verschmutzen. Offenes Kerzenlicht kann ihnen gefährlich werden.

Farbratten vermitteln. Wohnt man nicht im Eigenheim, kann es sinnvoll sein, den **Vermieter** über die (geplante) Anschaffung der Ratten zu unterrichten. Zwar kann Kleintierhaltung (wozu auch Ratten und Mäuse zählen) in normalem Rahmen in Miet-
wohnungen und -häusern eigentlich nicht verboten werden, so-
lange andere Mieter nicht durch übermäßig viele gehaltene Tiere (Lärm- und Geruchsbelästigungen) gestört werden oder die Wohnung unter der Rattenhaltung leidet. Leider bestehen dennoch vielerorts Vorurteile auch zahmen Farbratten gegen-
über.... Im Normalfall kann die Rattenhaltung allerdings nicht verboten werden, solange alles sauber und „geruchsfrei" ist und sich niemand gestört fühlen kann. Anders sähe es z.B. aus, wenn die Ratten (größere Anzahl womöglich) unkontrolliert ständig in der Wohnung herumlaufen, alles annagen und mit ihren Aus-
scheidungen permanent verschmutzen und sich obendrein

vielleicht noch unkontrolliert vermehren. Entstehen durch übermäßig viele gehaltene Ratten Geruchsbelästigungen und Schäden an der Wohnung, kann der Vermieter verlangen, dass einige oder alle Ratten abgegeben werden. Aber das dürfte ja wohl kein liebender, normal veranlagter Rattenhalter sich selbst, seiner Familie oder seinen geliebten Farbratten zumuten! Dennoch läuft so etwas mitunter aus dem Ruder. In der Regel ist der Halter dann mit den Tieren überfordert, psychisch und/ oder körperlich krank (Stichwort: „Animal Hording"). In diesem Fall muss gehandelt werden, im Interesse von Mensch und Ratte!

Rättinnen sind oft etwas kleiner und zierlicher als **Böckchen**, sie wiegen im Schnitt zwischen 250 und 400 g, während Böckchen meistens zwischen 400 und 600 g wiegen. Rättinnen haben oft einen etwas ausgeprägteren Nagetrieb als Böckchen, Böckchen sind gemütlicher als die etwas aktiveren Rättinnen. Rättinnen sind untereinander oft verträglicher als Böcke, aber es kann auch in Rättinnengruppen zu **Rangordnungskämpfen** kommen. Es kann nötig werden, in reinen Böckchengruppen alle Böcke kastrieren zu lassen, da die Böcke sich untereinander bei Rangordnungskämpfen schlimm verletzen können. Man kann auch Rättinnen und Böcke zusammenhalten, sollte aber die Böcke **kastrieren** lassen, wenn man keinen Nachwuchs wünscht. Vorsicht: Böcke können noch rund 4 Wochen nach der Kastration zeugungsfähig sein! Bei Rättinnen werden nur selten Kastrationen vorgenommen (bei der Rättin Entfernung der Gebärmutter und Eierstöcke, beim Böckchen die Hoden), da der Eingriff in der Bauchhöhle stattfindet und bei der Rättin mit mehr Aufwand und Risiko verbunden ist. Nötig werden kann bei der Rättin eine Kastration z.B. bei einer Gebärmutterentzündung. Der Tierarzt wird den Rattenhalter beraten. Rättinnen klettern gerne und gut, auch Böckchen können gut klettern, sind aber eher gemächlich in ihrem Verhalten. Böckchen markieren ihr Revier meist intensiver mit Harn als Rättinnen (die aber ebenfalls markieren). Alle Ratten sind kleine Persönlichkeiten. Jede hat ihren eigenen Charakter. Manchmal passen sie nicht so ganz ins typische „Geschlechtsbild". So gibt es kleinere Böckchen und größere Rättinnen, Rättinnen, die verstärkt markieren oder eher „faul" sind, aktivere Böckchen usw. Auch Wurfgeschwister können in ihrem Verhalten sehr unterschiedlich sein und auch unterschiedlich aussehen. Die eine Ratte ist ein Faulpelz und möchte den ganzen Tag nur fressen und schlafen, aber ihr Wurfgeschwister ist dafür ein „flinkes Wiesel", das den ganzen Tag auf Achse ist. Auch ihren Menschen gegenüber können sich Ratten durchaus ganz unterschiedlich verhalten. Die eine möchte den ganzen Tag schmusen und auf der Schulter herumgetragen werden, die andere ist froh, wenn sie ihre Ruhe hat. Eine Ratte ist neugierig, die andere eher scheu.

Rattenkauf beim Züchter, Zoofachhandel oder Tierschutz?

Man kann sehr geteilter Meinung sein, wo man seine Ratten kauft. Allgemein rate ich vom Kauf in Zoofachgeschäften ab. Es gibt hier mitunter unfassbar schlimme Zustände, und man weiß nie, wo die Tiere ursprünglich herkamen. Die meisten Ratten und Mäuse werden zudem als Futtertiere vermehrt. Andererseits kann ich durchaus auch Menschen verstehen, die Farbratten aus dem Zooladen kaufen. Immerhin hat man dann ein paar kleine Geschöpfe vor dem Schicksal als Futtertier gerettet. Man kurbelt mit solchen „Mitleidskäufen" – anders als bei den meisten anderen Heimtieren – auch nicht die Vermehrung an, denn die Ratten wären sowieso produziert worden. Warum dann nicht mal ein paar kleine Geschöpfchen vor so einem Schicksal bewahren? Dennoch bevorzuge ich den Kauf beim seriösen Züchter. Andererseits braucht niemand ein schlechtes Gewissen zu haben, wenn er Ratten im Zooladen kauft. Es gibt durchaus auch seriöse Händler, denen ihre Tiere am Herzen liegen. Aber auch hier gibt es einiges zu beachten. Desweiteren gibt es noch die Möglichkeit, Ratten über den Tierschutz zu adoptieren, also direkt über das Tierheim oder über private Pflegestellen. Hin und wieder werden auch trächtige Rättinnen gekauft oder die Geschlechter nicht rechtzeitig getrennt. Die „menschlichen Ratteneltern" suchen dann händeringend nach guten Plätzen für die kleinen Rättchen, sobald sie abgegeben werden können. Hat die Rättin geworfen, am besten schon einige Tage davor, schleunigst Bock und Rättin trennen und das Böckchen kastrieren lassen! Sobald der Tierarzt sein Okay gibt, können Bock und Rättin wieder zusammengesetzt werden. Vielleicht kann man über das Tierheim oder Tierarzt an Adressen kommen, wo junge Rattenwelpen abgegeben werden. Viele Rattenhalter inserieren auch in Zeitungen und über das Internet (z.B. via Facebook). In Zoofachgeschäften kommt es leider oft vor, dass Rättinnen und Böcke erst spät oder gar nicht nach Geschlechtern getrennt werden. Oft sind Rättinnen dann schon tragend, wenn sie verkauft werden. Nicht genug damit, dass die Rättinnen dann bald Welpen bekommen, sind sie von einem ihrer Brüder tragend, handelt es sich um Inzest, und das kann (muss nicht) zu schweren Schäden bei der Nachzucht führen. Die kurze Lebensdauer muss nicht noch durch unprofessionelle Vermehrung unterstützt werden. Deshalb plädiere ich dafür, Ratten nur beim seriösen Züchter zu kaufen. Andererseits verstehe ich durchaus Rattenhalter, die den süßen Knopfaugen hinter der Glasscheibe im Tiergeschäft nicht widerstehen können, denn auch diese Ratten haben das Recht auf ein schönes Leben. Viele Ratten landen im Magen von kleinen Beutegreifern wie Katzen oder auch Schlangen. Warum dann nicht ein paar „Zooladenratten" vor diesem Schicksal bewahren? Da die Ratten sowieso produziert worden wären, egal ob man sie aus Mitleid kauft oder nicht, braucht man kein schlechtes Gewissen zu haben, wenn man ihnen ein neues Zuhause gibt. Da die meisten Zooladenratten ohnehin als Tierfutter enden, ist es den Käufern und auch den Produzenten ziemlich egal, ob die Ratten Erbkrankheiten in sich tragen. Das kann dann später böse Überraschungen geben. Seriöse Züchter verpaaren nur offensichtlich gesunde, natürlich auch erbgesunde Ratten, die zueinander passen. Sie versuchen, Erbkrankheiten zu bekämpfen. Allerdings ist eine seriöse Zucht auch keine Garantie für (erb-) gesunde Ratten. Auch Ratten aus serösen Zuchten neigen mitunter zu Krebs und anderen Erkrankungen. Man kann das Risiko für kranke Ratten senken, wenn sie aus seriöser Zucht stammen, eine Garantie für gesunde Ratten hat man aber nie. Durch ziellose Vermehrung sollte die ohnehin nicht besonders hohe Lebenserwartung nicht noch weiter verringert werden. Es sollten nicht zuviele Ratten auf zu engem Raum gehalten werden. Es sollte sauber sein und nicht stinken, nach Möglichkeit sind Böcke und Rättinnen getrennt (andernfalls ist die Gefahr groß, eine oder mehrere trächtige Rättinnen mit nach Hause zu nehmen). Der Händler drückt einem die Tiere nicht kommentarlos in die Hand, sondern es interessiert ihn, wo die kleinen Tierchen landen. Es liegen auch keine toten oder kranken Ratten zwischen den offensichtlich gesunden (oder gesund erscheinenden) Tieren. Hört sich geschmacklos an, aber so etwas kommt tatsächlich vor! Es gibt seriöse und unseriöse Tiergeschäfte. Man sollte sich das Geschäft genau ansehen. Wie sind die Tiere untergebracht? Ist alles sauber? Sind nicht zuviele Tiere auf zu engem Raum? Sind die Käfige sauber und nicht zu klein? Haben die Tiere sauberes Futter und Wasser? Haben sie Versteckmöglichkeiten? Sehen sie gesund und munter aus? Oder wirken sie zu dünn? Sehen Fell, Krallen, Augen, Zähne/ Schnäuzchen und Ohren normal aus? Zähne und Krallen sollten nicht zu lang sein, das Fell ist glatt und nicht verschmutzt oder struppig, die Tiere haben keine Bissverletzungen, die Gliedmaßen haben normale Stellungen, die Ohren sind sauber und haben keine borkigen Auflagerungen, die Augen sind klar und glänzend. Die Zähnchen sind bei Ratten normalerweise etwas gelblich, oder auch orangegelb. Reinweiße Zähne deuten bei Ratten eher auf Erkrankungen oder Zahnschmelzveränderungen hin, oder vielleicht auch auf Nährstoffmängel. Es wäre gut, wenn die Ratten nach Geschlechtern getrennt wären. Der Verkäufer sollte Fragen sachkundig beantworten können, und er sollte nicht den Eindruck erwecken, dass er nur seine „Waren" loswerden will.

In Tierheimen und privaten Pflegestellen werden ebenfalls Farbratten betreut, bis sie ein dauerhaftes Zuhause finden. Es gibt dort alte und junge Ratten, Kastraten, unkastrierte Ratten, Rättinnen und Böckchen, gesunde und gehandicapte Ratten, Rättinnen mit Welpen, die liebevoll gepflegt werden. Es gibt dort sehr liebe Tiere, aber auch solche, die durch schlechte Haltung ängstlich oder bissig geworden sind. Auch solche Ratten haben ein schönes Heim verdient.

Die dritte Möglichkeit, an zahme Farbratten zu kommen, sind Rattenzuchtvereine bzw seriöse Rattenzüchter. Seriöse Rattenzüchter sind nicht schuld an den vielen Ratten, die in Tierheimen sitzen! Schuld sind unseriöse Vermehrer, die die Bezeichnung Züchter nicht verdienen! Aber wie erkennt man einen seriösen Züchter? Wie kommt man an Adressen? Es gibt verschiedene Vereine, die sich mit der seriösen Rattenzucht befassen. Ihnen sind seriöse Rattenzüchter angeschlossen, die sich gewissen Richtlinien unterwerfen müssen. Seriöse Rattenzüchter sind nicht daran schuld, dass es unseriöse Rattenvermehrer gibt, oder dass ungewollte Ratten ermordet oder ausgesetzt werden! Es spricht keineswegs etwas dagegen, seine Ratten beim seriösen Züchter zu kaufen, im Gegenteil! Nur sollte man beim Kauf die Augen offenhalten und viel hinterfragen, denn nicht jeder, der sich Rattenzüchter nennt, ist auch einer. Schlangenhalter oder Privatleute verkaufen oft überschüssige Rättchen, Züchter sind sie deswegen noch lange nicht! Züchter brauchen viel Wissen über Farbratten, Zucht, Genetik, Krankheiten und Anatomie. Alles andere ist wilde Vermehrerei! Adressen von Züchtern kann man über das Internet, am besten direkt über die Zuchtvereine beziehen. Man sollte sich genau ansehen, wie die Ratten gehalten werden (vorab bitte telefonisch oder per Email einen Termin vereinbaren!). Ist alles sauber? Haben die Ratten eine artgerechte Unterbringung? Wie gestaltet der Züchter seine Zucht? 3-4 Würfe gleichzeitig oder 10-12 Würfe im Jahr sind schon eine Hausnummer. Für mich sieht das eher nach Vermehrung aus denn nach seriöser Zucht. Da der Züchter alle Rättchen sozialisieren und sich mit ihnen beschäftigen muss, hat er eigentlich mit einem Wurf in einer bestimmten Zeit schon genug zu tun. Aber es kann schonmal unglücklich hinkommen... Nebenbei gehen die meisten Züchter auch noch arbeiten und müssen ihren Haushalt in Schuss halten. Natürlich kann man Rattenzucht und beispielsweise Hundezucht nicht in unbedingt in einem Topf werfen. Aber es gibt schon gewisse Parallelen. Der Züchter sollte sich viel mit dem Muttertier und den Rättchen beschäftigen, denn die Kleinen müssen sich an den Menschen gewöhnen und sollen sich nicht dauernd verkriechen oder nach dem Menschen beißen. Überlässt man Ratten zuviel sich selbst, werden sie schnell scheu und bissig. Weichen die Ratten dem „Züchter" aus, schnappen sie nach ihm, lassen sie sich nicht von ihm anfassen und verkriechen sie sich beim Anblick des „Züchters", gehört er nicht länger auf die Liste. Es ist schwer zu sagen, wieviele Würfe ein seriöser Züchter im Jahr machen darf. Jedenfalls sollte meiner Meinung nach zumindest der komplette Wurf vermittelt sein, bevor die nächste Rättin belegt wird. Außerdem sollte der Züchter seine Rättin nur belegen lassen (d.h. von einem Bock decken), wenn bereits einige Vorbestellungen auf Rattenwelpen vorliegen. Es kann also sein, dass man etwas auf seine Rättchen warten muss. Hier haben wir auch Parallelen zur Katzen- und Hundezucht. Viele Züchter versorgen die neuen „Ratteneltern" regelmäßig mit Videos und Fotos „ihrer" Rättchen, sodass man ihre Entwicklung mit verfolgen kann. Der Züchter sollte auch Aufzeichnungen über seine Zucht machen und über die Abstammung der einzelnen Ratten bescheid wissen, also Stammbäume führen. Sind die Tiere dem Züchter gegenüber anhänglich? Oder scheu und bissig? Letzteres spricht dafür, dass die Ratten entweder krank sind oder dass sich der Züchter nicht genügend um sie kümmert. Ist alles sauber? Es darf auch nicht stinken, obwohl Ratten schon einen gewissen Eigengeruch haben, der manche Menschen stört. Wie sind die Zuchttiere untergebracht? Die Käfige sollten sauber, groß, hell und luftig sein, artgerecht eingerichtet und sich im direkten Wohnbereich des Züchters befinden. Es ist gut, wenn der Züchter viele Fragen stellt, dann interessiert es ihn, wo seine Rättchen landen. Rattenzucht-vereine stellen meines Wissens keine Ahnentafeln aus wie z.B. Katzen- und Hundezuchtvereine. Der Züchter sollte aber seiner-seits Aufzeichnungen über seine Zucht und Verpaarungen ma-chen und Fragen sachkundig beantworten können (auch zur Abstammung seiner Ratten). Seriöse Rattenzüchter haben meis-tens eine Warteliste für ihre Rattenwelpen. Interessenten können sich dort vormerken lassen und dann ihre Rattenwelpen aus dem Wurf aussuchen, wenn sie an der Reihe sind, auch wenn sie vielleicht ein paar Monate auf ihre neuen Hausgenossen warten müssen. Hat der Züchter mehrere Würfe gleichzeitig (ob-wohl es schonmal unglücklich hinkommen kann), aus denen man sich sofort seine Ratten aussuchen und mitnehmen kann, sollte man vorsichtig sein und nachhaken. Warum sind gerade jetzt soviele Rättchen da? Haben sie das nötige Abgbaealter und -gewicht erreicht? Rattenwelpen sollten mindestens 6 Wo-chen alt sein und mindestens 100 g wiegen, wenn sie abgege-ben werden. Die meisten Rättchen sind niedlich. Man sieht es ihnen nicht sofort an, wenn ihre Eltern Erbkrankheiten-Träger wa-ren. Das kommt meist erst später ans Tageslicht. Solche Tiere kommen auch oft in Zoogeschäfte, um dort verkauft zu werden. Es ist in Ordnung, Ratten aus dem Tierschutz aufzunehmen. Ich finde es sehr gut, wenn Ratten beim seriösen Züchter gekauft werden. Ich will es aber nicht verteufeln, wenn jemand seine Ratten aus dem Zoofachhandel oder dem Tierheim kauft. Auch solche Tiere können gesund und lieb sein, und auch solche Tiere kommen manchmal von seriösen Züchtern, die sie vielleicht als „Überzählige" abgegeben haben (ins Tiergeschäft), oder weil sie kleinere Fehler haben, die Wesen und Gesundheit nicht be-einträchtigen und dem Liebhaberhalter vielleicht gar nicht auf-fallen oder ihn zumindest nicht stören. Nicht jede Ratte vom Züchter ist immer gesund, und nicht jede Ratte aus dem Zoo-fachhandel ist krank. Und dann gibt es da noch die vielen Knopfaugen, die im Tierheim auf ein dauerhaftes Zuhause war-ten. Im Tierheim sollten die Tiere möglichst artgerecht betreut werden, vielleicht ist etwas über ihr früheres Leben bekannt.

Auch für Tierschutzratten muss man einen kleinen Obolus bezahlen, der vorangegangene Kosten, die die Ratten verursacht haben, teilweise abdecken soll. Außerdem möchte man hier herausfinden, ob der Interessent bereit ist, Kosten für das neue Haustier zu übernehmen. Ist das nicht so, sollte man sich keine Tiere anschaffen! Nicht immer ist etwas über das bisherige Leben der Ratten bekannt. Nicht alle sind verhaltensgestört, viele sind sogar sehr liebenswert! Scheue und bissige Ratten können durch viel Beschäftigung und Geduld mit ihren neuen Menschen durchaus wieder zahm und anhänglich werden. Man sollte damit rechnen (und das ist auch wünschenswert), dass das Tierheim nach einiger Zeit einen Mitarbeiter beim neuen Besitzer vorbei schickt, um zu sehen, wie es den Ratten geht und wie sie gehalten werden. Und mit der Zeit werden auch Tierschutzratten meistens liebevolle, anhängliche Geschöpfe. Rattenwelpen sollten mindestens 6 Wochen alt sein, bevor man sie aufnimmt. Auch die Aufnahme älterer Ratten ist kein Problem.

Unterbringung und Zubehör

In dem Raum, in dem die Ratten leben, sollten eine konstante Temperatur von ca. 18-23 °C sowie eine Raumfeuchtigkeit von 50-60 % herrschen. Trockene Heizungsluft, Tabakqualm, direkte Sonneneinstrahlung und Zugluft schaden den Tieren. Gerade rotäugige Ratten vertragen zuviel Licht bzw Sonneneinstrahlung oft nicht sehr gut, aber auch dunkeläugige Ratten müssen sich jederzeit in den Schatten bzw ins Dunkel zurück ziehen können. Der Raum sollte ruhig und behaglich für die Ratten sein. Der Rattenkäfig sollte so groß wie möglich gewählt werden, schließlich halten sich die Ratten die meiste Zeit ihres Lebens in diesem Käfig auf. Von der Unterbringung von Farbratten in Außenställen und -gehegen ist abzuraten. Die Tiere brauchen den ständigen Kontakt zu ihren Menschen, andernfalls werden sie schnell scheu und bissig. Außerdem vertragen sie wie erwähnt direktes Sonnenlicht nicht gut. Im Fachhandel gibt es verschiedene Fertigkäfige und -volieren zu kaufen. Man kann aber mit dem nötigen handwerklichen Geschick selbst eine Voliere bauen. Einige Anbieter fertigen auch individuelle Käfige nach Kundenwünschen an. Von Aquarien und Terrarien ist abzuraten, da die Luftzirkulation hier zu schlecht ist. Große Fronttüren erleichtern das Reinigen. Die Tiefe des Käfigs darf 50 cm nicht unterschreiten, die Breite darf nicht kleiner als 80 cm sein, und die Höhe sollte nicht unter 100 cm liegen. Alles andere ist deutlich zu klein; größer ist immer besser! Mehr als 3 Ratten würde ich in einem solchen Käfig allerdings nicht unterbringen. Der Gitterabstand sollte nicht mehr als 1,3 cm betragen, da schmale Ratten oder Welpen es sonst unter Umständen schaffen könnten, sich dort hindurch zu quetschen. Und dann heißt es „Ratten suchen"! Da die Ratten den gesamten Raum nutzen sollten, sollte man den Käfig in zwei oder mehr Etagen unterteilen. Einige Käfige haben solche Etagen schon eingebaut. Durch Leitern ermöglicht man den Ratten den Hin- und Rückweg zwischen den einzelnen Etagen. Zwei Etagenbretter sollten desweiteren über die ganze Breite des Käfigs gehen, damit die Ratten den ganzen Raum nutzen und dort hin und her flitzen können. Durch kleine „Rampen" können die Ratten diese Bretter erklimmen. Natürlich muss man in der jeweils oberen Etage immer einen kleinen Durchschlupf lassen, damit die Ratten die Etagen betreten bzw verlassen können. Die Zwischenetagen müssen eventuell hin und wieder ersetzt werden, da die Ratten sie zernagen oder sie mit der Zeit von Harn durchtränkt sind. Einige Anbieter fertigen auch Volieren mit Knabberschutzleisten und Fliesenböden an – sehr praktisch! Holz muss vor Rattenurin geschützt werden. Beispielsweise mit Kacheln. Oder man legt Holzdielen ein, die regelmäßig gewechselt werden. Zeitung, Kunststoffplanen o.ä. würde ich nicht empfehlen. Rattenurin geht auch durch Zeitung, es sei denn, man verwendet dicke Lagen. Bei der Druckerschwärze ist es nicht auszuschließen, dass die Ratten sich vergiften. Nagen sie Kunststoffplanen an, können sie sich ebenfalls vergiften.

Zwischenetagen erleichtern das Klettern (mit Laufdielen, Leitern o.ä. versehen/ verbinden), und sie verkürzen den Fall, sollte einmal eine Ratte abstürzen. Man kann auch Siebdruckplatten in den Boden einlegen und auch als Zwischenetagen verwenden. Sie sind teurer als Holz, werden aber nicht so leicht zernagt und halten dem Rattenurin stand. Normalerweise sind sie wasserfest. Der Abstand zwischen den einzelnen Etagen sollte 30 cm oder mehr betragen. Wenn die Ratten sich zur vollen Größe aufrichten, dürfen sie oben nicht mit dem Kopf anschlagen! Bei sehr jungen Ratten kann man die Gitter zusätzlich mit Kaninchendraht versehen, damit sie nicht ausbüchsen können. Kanten am Holz sollte man mit Knabberschutzleisten versehen, also Aluleisten, die man im Baumarkt bekommt, damit die Ratten sie nicht zernagen. Auch Spanplatten lassen sich verwenden. Sie müssen mit einem speziellen, ungiftigen Lack („Sabberlack") behandelt werden, der hin und wieder erneuert werden muss. Am besten eignen sich Käfige mit Kacheln/ Fliesen, sofern das machbar ist. Einige Anbieter stellen solche Käfige auf Kundenwunsch her – wer das notwendige Geschick aufweist, kann auch selbst einen Käfig bauen.

Albino und weiß-cremefarbene Hauben-ratte.

Man sollte Ratten wie schon erwähnt nicht draußen halten. Winterkälte, Sommerhitze, schwankende Temperaturen, direkte Sonneneinstrahlung, das vertragen unsere domestizierten Farbratten nicht gut und sie können daran sogar sterben. Ratten gehören ins Haus. Außerdem können sie bei permanenter Außenhaltung bzw auch mangelnder Zuneigung schnell scheu und bissig werden. Rattenaugen sind lichtempfindlich. Sind sie dauerhaft mehr als 60 lux ausgesetzt, kann das zu Schäden an der Netzhaut führen. Ratten mit schlecht oder nicht pigmentierten Augen sind noch empfindlicher. Der Käfig darf nicht in der prallen Sonne stehen, die Ratten könnten neben Augenschäden auch einen Hitzschlag erleiden. Ratten sind eher nacht- und dämmerungsaktiv. Deshalb sollten sie nicht unbedingt im Schlafzimmer untergebracht werden. Die Ratten brauchen Platz zum Spielen und Toben. Deshalb sollte man den Käfig nicht überfrachten. Ratten wollen mit ihren Rudelgenossen kuscheln, aber hin und wieder brauchen sie auch ihre Ruhe. Deshalb brauchen alle Ratten einen ungestörten Rückzugsort. Ratten lieben Hängematten, die man im Zoofachhandel kaufen kann. Wer das Geschick hat, findet im Internet Anleitungen zum Selbstmachen. Solche Matten bestehen aus weichem Stoff und sie besitzen an jeder Ecke eine Schlaufe und Karabinerhaken, sodass man sie am Käfigdach (von innen) befestigen kann. Die meisten Ratten fahren voll drauf ab. Man sollte sie regelmäßig waschen und austauschen, wenn die Ratten sie zu sehr zernagt haben. Sputniks, so eine Art kugelförmige Häuschen, sind bei Ratten ebenfalls beliebt. Sie haben mit Phantasie etwas Ähnlichkeit mit den Sputniks, die Ende der 1950er, Anfang der 60er Jahre von Russland aus ins Weltall geschossen wurden. Wer erinnert sich noch an die Raumfahrthunde Laika, Belka und Strelka? Sie saßen in solchen Sputniks. Man kann sie an die Decke hängen, auf den Volierenboden oder auf eine Etage stellen (ggfs. befestigen). Holzhäuser sind beliebt, sollten aber mehrmals mit ungiftigem Lack gestrichen worden sein, damit Urin nicht einzieht. Mit der Zeit müssen sie wahrscheinlich ausgetauscht werden, da die Ratten daran nagen werden. Man kann im Zoofachhandel Korkröhren kaufen. Dabei auf einen ausreichend große Durchmesser achten, damit die Ratten nicht stecken bleiben können. Die Ratten können sich darin verstecken, aber die Korkröhren auch zernagen, ohne dabei Schaden zu nehmen. Sind die Korkröhren zu sehr mit Urin durchtränkt und lassen sich mit heißem Wasser nicht mehr säubern, fangen sie an, sehr unangenehm zu riechen, sollte man sie austauschen. Man kann auch Küchenpapier hineinlegen, das regelmäßig gewechselt wird. Von Kunststoffröhren würde ich abraten. Die Ratten können sich vergiften, wenn sie daran nagen. Röhren sollten einen Durchmesser von mindestens 12 cm haben, damit die Ratten nicht darin stecken bleiben. Weidenbrücken als Verbindungen zwischen einzelnen Halbetagen sind ebenfalls zu gebrauchen. Im Zoofachhandel, auch im Internet, kann man solches Zubehör bekommen. Man kann auf den Etagen alte Handtücher, Fleecedecken oder ähnliches auslegen. Man kann sie mit einen kleinen Handstaubsauger oder einen Handfeger säubern und bei Bedarf in die Waschmaschine stecken. Die Ratten können bequem darauf liegen; außerdem verhindern sie schnelles Ausrutschen. Man kann auch Papier verwenden. Diese muss natürlich ebenfalls regelmäßig ausgetauscht werden. Geschreddertes Papier oder Safebed kann man als Nistmaterial anbieten. Holzspäne sind oft nicht geeignet. Sie stauben, was den ohnehin oft atemwegsempfindlichen Ratten nicht guttut, außerdem befinden sich hier oft schädliche Rückstände wie z.B. Pflanzenschutzmittel, Düngemittel o.ä. in den Spänen. Unterschlüpfe aus Ton/ Keramik sind bei Ratten ebenfalls beliebt. Die Öffnung muss so groß sein, dass auch die größte und dickste Ratte nicht steckenbleiben kann. Besser sind zwei Aus-/ Eingänge, damit nicht eine Ratte alles blockiert und damit die Ratten bei Auseinandersetzungen schnell aus dem Häuschen flüchten können. Auch Holzhäuschen kann man verwenden, diese müssen eventuell hin und wieder ausgetauscht werden. Im Sommer darf es im Rattenheim nicht zu heiß werden. Man kann kalte Fliesen in den Käfig legen. Auch ist es möglich, ein feuchtes, kaltes Handtuch von einer Seite über den Käfig zu legen. Durch die verdunstende Nässe sinkt auch die Temperatur im Käfig. Wenn die Ratten es mögen, kann man ihnen auch eine kleine Bademöglichkeit anbieten, so beispielsweise eine große, flache Schale mit Wasser. Ratten können ausgezeichnet schwimmen und tauchen. Man muss natürlich aufpassen, dass die nassen Ratten keinen Zug bekommen und sich erkälten. Außerdem muss man ggfs. feucht gewordene Einstreu erneuern. Die Schale sollte man nach einigen Stunden wieder aus dem Käfig nehmen, da das Wasser schnell verschmutzt. Es kann auch sein, dass die Ratten die Schale mit Streu zubuddeln. Trinkflaschen oder Wassernäpfe müssen ständig mit frischem Wasser gefüllt und für alle Ratten erreichbar sein. Wassernäpfe auf dem Boden haben den Nachteil, dass sie schnell mit Streu zugeschaufelt werden. Nippeltränken dagegen gehen schnell kaputt oder fangen an zu „lecken". Außerdem lassen sie sich nicht gut reinigen (ist aber möglich mit einer Flaschenbürste. Mit einem Wattestäbchen kann man auch den „Auslauf" samt Metallkugel reinigen). Körnerfutter dagegen bietet man am besten in einem stand- und knabberfesten Napf aus Keramik oder Porzellan an. Frischfutter kann man ebenfalls in Stücken im Napf anbieten. Da Ratten gerne ihre Nahrung „verschleppen", sollte man regelmäßig alle Verstecke im Käfig nach Nahrungsresten absuchen und diese entfernen, damit die Riesenmäuschen nicht krank werden und kein Ungeziefer angelockt wird.

Laufräder gehören nicht ins Rattenheim, die Ratten könnten sich schwerwiegende Verletzungen an der Wirbelsäule zuziehen (die Rattenwirbelsäule krümmt sich nach außen, im Laufrad krümmt sich die Wirbelsäule nach innen!). Wenn überhaupt, müssen Lauffläche und Rückseite komplett geschlossen sein, damit sich nirgendwo Rattenpfötchen einklemmen können, und der Durchmesser muss mindestens 40 cm betragen, damit die Ratten sich keine Wirbelsäulenverletzungen zuziehen können. Solche Laufräder werden z.B. von der Firma Rodipet™ angeboten. Hamsterwolle kann zu Verletzungen an den Pfötchen führen. Gitteretagen können dazu führen, dass die Pfötchen durchrutschen und verletzt werden. Stroh kann in die Augen pieksen und ist schlecht für die Atemwege. Heunester haben im Inneren ein Drahtgeflecht, was für die Ratten gefährlich werden kann. Außerdem kann man damit Ungeziefer einschleppen. In Futterbällen aus Metall können Rattenpfötchen hängenbleiben. Das kann zu schwerwiegenden Verletzungen führen. Buchenholzgranulat ist gut geeignet als Einstreu. Es staubt kaum, ist nicht unangenehm für die Pfötchen und es ist saugstark. Hanf-, Dinkel-, Leinen- und Maisstreu kann man ebenfalls nehmen. Nicht geeignet ist Katzenstreu. Fressen die Ratten die Streu, können sie an einem Darmverschluss sterben. Küchenpapier o.ä. saugt den Urin nicht genügend auf. Man kann es aber in die Kunststoffröhren legen und regelmäßig wechseln, damit die Ratten nicht dauernd in ihrem Urin liegen (ein bisschen saugt das Küchenpapier dann doch auf!). Naturcellulosestreu kann ebenfalls verwendet werden. Fressen die Ratten davon allerdings zuviel, kann das zu gesundheitlichen Problemen führen.

Eingewöhnung

Bevor die „Riesenmäuschen" einziehen, muss alles vorbereitet sein. Durch verschiedene Quellen (Bücher, Internet, andere Rattenhalter, Züchter usw) hat sich der neue Halter eingehend mit dem Thema „Farbrattenhaltung" auseinander gesetzt. Dann muss die Ausstattung gekauft werden (siehe Kapitel „Unterbrin-gung und Zubehör"). Nun ist alles vorbereitet, der Käfig ist be-zugsfertig mit allem Drum & Dran. Daran, dass die Ratten Kosten verursachen, muss man natürlich vor dem Kauf denken. Zum re-gelmäßigen Unterhalt kommen Ausstattung (unterschiedlich, aber hier muss man mit mindestens 150,00 – 200,00 € rechnen – kann je nach Ausstattung auch deutlich teurer werden!). Das Futter ist nicht allzu teuer (gesunde, geeignete Körnermischung, Obst, Gemüse, hier und da mal ein Stückchen Käse, neue Knab-berzweige usw). Man kann hier pro Monat bei zwei Ratten rund 15,00-30,00 € veranschlagen. Aber diese Kosten können natür-lich schwanken. Dazu kommt noch die Einstreu. Mit 15 € pro 20 kg Buchenholzgranulat sollte man etwa rechnen. Das ist nicht zuviel. Wieviel Streu man benötigt, hängt von verschiedenen Umständen ab. Man muss ja nicht täglich die komplette Einstreu wechseln, sondern kann auch täglich verschmutzte Streu her-aussammeln und der Kompelttaustausch findet nur 1-2 mal mo-natlich statt. Verschiedene Streusorten riechen aber sehr unan-genehm, wenn man sie nicht oft genug wechselt. Also Vorsicht! Tierarztkosten sind vorher kaum zu kalkulieren und können sehr teuer werden. Kastrationen (soweit notwendig) können schon-mal mit 50,00-60,00 € pro Tier zu Buche schlagen. Auch hier kön-nen die Kosten deutlich schwanken. Ratten können Gegen-stände verschmutzen oder annagen, dann ist auch hier für die Erneuerung mit Kosten zu rechnen.

Neue Knabberzweige (ungiftig und ungespritzt, Obst- und Nuss-baumzweige sind z.B. geeignet) kann man draußen von Bäu-men schneiden, nicht in der Nähe von stark befahrenen Stra-ßen, ggfs Eigentümer des Landes um Erlaubnis bitten. Gräser, Wildfrüchte, Zapfen usw kann man ebenfalls draußen sammeln. Natürlich ungiftig und ungespritzt, ggfs eine pflanzenkundige Person mitnehmen. Wenn man die Ratten vom Züchter, Ge-schäft oder Tierheim abholt, gehören sie in eine Transportbox, um sicher und geschützt nach Hause zu gelangen. Eine Versor-gung mit Wasser und Futter ist nur auf einem längeren Heimweg

nötig; man sollte den Ratten aber ein großes Stück grüne Salat-
gurke in die Box legen, damit sie mit Wasser und Futter versorgt
sind. Aber wahrscheinlich sind sie aufgrund der Aufregung sowieso nicht groß am Fressen interessiert. Durch die ungewohn-
ten Umwelteinflüsse werden die Ratten zunächst etwas ver-
schüchtert sein. Zuhause nimmt man die Ratten vorsichtig aus
der Transportbox und setzt sie in den Käfig (wenn der Transport-
käfig durch die Volierentür passt, kann man ihn auch öffnen und
so in die Voliere stellen, dass die Ratten alleine herausklettern
können). Dann lässt man die Ratten erstmal einige Stunden in
Ruhe, sie haben durch den Umzug genug zu verkraften. Man
kann sich aber vor den Käfig setzen, die Ratten beobachten
und ab und zu leise mit ihnen sprechen. Es ist unbedingt an Unterschlüpfe wie z.B. Korkröhren oder Schlafhäuschen für die Ratten zu denken, in die sie sich zurückziehen können! In den ersten
Tagen können die Ratten durchaus etwas zurückhaltend sein.
Vielleicht pressen sie sich in ihre Schlafhäuschen oder auf den
Boden. Man sollte sich ruhig mit ihnen beschäftigen, darf sie
aber nicht bedrängen. In den ersten Tagen sollten sie im Käfig
bleiben, wo sie sich sicher fühlen sollten. Von dort aus können
sie auch die unmittelbare Umgebung betrachten, nach allem
schnüffeln und horchen. Wenn die Ratten nicht mehr blitzartig
ihren Unterschlupf aufsuchen, sobald man in die Voliere greift
(für Reinigungsarbeiten, Futter- und Wasserwechsel), kann man
damit beginnen, sie vorsichtig zu streicheln und ihnen Leckerbissen aus der Hand anbieten (Vorsicht: gierige Ratten können
herzhaft in Hände und Finger zwicken!). Ratten sind neugierig
und werden schnell zutraulich, wenn man sich viel mit ihnen beschäftigt. Bald werden sie über die Hände auf den Arm und die
Schulter ihres Pflegers klettern. Man sollte leise und ruhig mit
ihnen reden, dabei Leckerbissen aus der Hand anbieten und
den Namen der Ratte nennen. Freier Auslauf im Zimmer ist erst
dann anzuraten, wenn die Ratten zahm sind und sich an ihren
Pfleger gewöhnt haben. Ratten verstecken sich gerne in Spalten und Ritzen, und da sind sie manchmal schlecht hervorzube-
kommen. Man kann versuchen, alle Ecken entsprechend

abzusichern. Das ist aber mitunter schwierig zu realisieren. Eine andere Alternative wäre, den Ratten einen gesicherten Auslauf ins Zimmer zu stellen, also etwa ein spezielles Gehege, das man bei Bedarf wieder wegräumen kann. Da dieses Gehege alleine meist zu langweilig für die Ratten ist, sollte man es entsprechend aufpeppen. Hinein gehören ein Wassernapf mit frischem Wasser, einige Unterschlupfmöglichkeiten für die Ratten (z.B. Holzhäuschen, Korkröhren), frische Zweige zum Nagen, Labyrinthe aus Röhren u.a. Natürlich muss man auch hier alles gründlich sauber halten. Außerdem sollte man Futterbröckchen im Gehege verstecken. Die Ratten kommen aufgrund ihres schnellen Stoffwechsels nicht lange ohne Nahrung aus, außerdem hilft das Futter, die Ratten zu beschäftigen. Man kann z.B. eine Handvoll Körnerfutter (Frischfutter ist eher ungeeignet, da die Gefahr besteht, dass es irgendwo „übersehen" oder gebunkert wird und dann verdirbt) im Gehege verteilen bzw verstecken. Die Ratten müssen dann auch ihren Geruchssinn einsetzen, um das Futter zu finden. Damit es für die Ratten nicht zu langweilig wird, kann man im Gehege ab und zu „umräumen" (nicht bei gehandicapten Ratten!). Um den Boden zu schützen, kann man eine Plastikplane unter und im Gehege auslegen, darüber kommt z.B. ein alter Teppich oder eine Bastmatte o.ä. Natürlich muss man das Gehege regelmäßig reinigen und einige Gegenstände (auch die „Auslegeware") sind regelmäßig zu erneuern. Weitere Anregungen zur Beschäftigung gebe ich später noch. Viele Rattenhalter geben ihren Tieren freien Auslauf in der Wohnung. Das Problem ist, dass die Ratten sich gerne in Spalten und Unterschlüpfe quetschen, wo man sie dann suchen kann. Wenn man Pech hat, kommt die Ratte nicht mehr aus ihrem Unterschlupf heraus, weil sie sich festgeklemmt hat. Es besteht auch die Gefahr, dass sich die Ratte an für sie ungeeigneten Dingen „vergreift". Beispielsweise kann sie an Elektrokabeln nagen, was nicht nur ärgerlich für den Halter ist, sondern auch für einen tödlichen elektrischen Schlag bei der Ratte sorgen kann! Oder die Ratte frisst an für sie ungeeigneten Lebens- und Genussmitteln herum, was ebenfalls für den Halter ärgerlich und für die Ratte gefährlich werden kann. Auch Dinge, die dem Rattenhalter wichtig sind, wie z.b. Bücher, Dokumente usw, gehören nicht in Reichweite der Ratten. Beim Auslauf sind Fenster und Türen zu schließen, andere Heimtiere haben keinen Zutritt beim Freilauf der Ratten. Auch durch gekippte Fenster können Ratten entwischen. Ratten können ins Aquarium oder in die Toilette fallen und ertrinken. Zwar können Ratten gut schwimmen und tauchen, aber wenn sie aus eigener Kraft ein Wassergefäß nicht mehr verlassen können, besteht die Gefahr, dass sie ertrinken. Ratten verstecken sich gerne unter Sofakissen, Bettdecken und sie klettern auch in das Sofa hinein, wenn sie irgendwo ein Schlupfloch finden, also daran denken, wenn man sich auf einem Sitzmöbel niederlässt! Der Zugang zu Medikamenten, Alkohol, Tabak/ Zigaretten, Giften und heißen Gegenständen muss den Ratten verwehrt bleiben. Stromkabel gehören nicht in Reichweite der Ratten. Ein Zusammentreffen mit anderen Heimtieren sollte vermieden werden. Einige Zimmerpflanzen sind für Ratten giftig (z.B. Christusdorn, Korallenbäumchen, Zimmerkalla, Blattfahne, Weihnachtsstern). Man muss auch immer aufpassen, dass man nicht auf eine auf dem Boden herumhuschende Ratte tritt! Ratten werden meist nicht stubenrein. Man kann versuchen, ihnen eine Toilettenschale, gefüllt mit Streu und einigen Rattenkötteln, anzubieten (die Köttel, damit die Ratten begreifen, wofür die Schale da ist). Manche Ratten nehmen solche Schalen an. Man darf aber nicht enttäuscht sein, wenn die Ratten die Schale nicht oder nur unregelmäßig annehmen und ihre Häufchen und Pfützchen anderswo verteilen. Wer sich damit nicht arrangieren kann, sollte sich vielleicht eher nach anderen Heimtieren umsehen. Um Boden und Möbel zu schützen, kann man hier Plastikplanen, Tücher o.ä. auslegen. An anderer Stelle gehe ich darauf ein, wie man Ratten beim Freilauf beschäftigen kann.

Man kann reine Rättinnengruppen halten, aber auch reine Böckchengruppen. Man kann auch gemischte Gruppen, also Böckchen und Rättinnen, halten. Bei reinen Böckchengruppen kann es nötig sein, die Böckchen kastrieren zu lassen, da es sonst zu bösen Rangordnungskämpfen kommen kann. Es gibt aber auch Halter, die reine Böckchengruppen mit unkastrierten Tieren halten, die außerordentlich gut mit einander auskommen. Kommt es dauernd zu Beißereien, sollten einige oder alle Böcke kastriert werden. Der Tierarzt wird den Rattenhalter beraten. Bei gemischtgeschlechtlichen Gruppen sollten alle Böckchen kastriert werden, damit die Tiere sich nicht unkontrolliert vermehren. Die Böckchen können noch einige Woche nach der Kastration zeugungsfähig sein, man sollte also noch ca. 2-4 Wochen warten, bis man die Ratten (wieder) zusammensetzt. Bei Rättinnen werden Kastrationen nur im Ausnahmefall durchgeführt, etwa bei Gebärmuttervereiterungen o.ä. Bei der Vergesellschaftung neuer Ratten muss man einiges bedenken, damit die Tiere sich nicht bis aufs Blut bekämpfen. Setzt man eine neue Ratte einfach in das Gehege zu der/ den anderen Ratten(n), kann das in bösen Kämpfen gipfeln. Besser, man setzt beide/ alle Ratten in getrennte Käfige und stellt diese nebeneinander (bei jeder neuen Ratte genauso verfahren). Nach einigen Tagen lässt man die Tiere auf neutralem Boden zusammen. Kein Tier sollte da markiert haben. Man kann auch jede Ratte abwechselnd nacheinander streicheln, sodass man ihren Geruch an den Händen hat und auf die jeweils andere Ratte überträgt. Die erste Begegnung wird kurz gehalten, am nächsten Tag setzt man die Ratten wieder auf neutralem Boden kurz zusammen usw. Die Zeit wird immer mehr ausgedehnt. Die Ratten werden sich beschnüffeln, etwa am Kopf und der Analregion. Diese Begegnungen hält man kurz, damit es nicht doch noch zu Auseinandersetzungen kommt. Beißt eine Ratte die andere, sollte man sie sofort trennen (am besten mit Lederhandschuhen, da Ratten ganz ordentlich zubeißen können). Dreht sich eine Ratte auf den Rücken und fiept, ist die Auseinandersetzung normalerweise beendet, da die überlegene Ratte diese Form von Unterwerfung anerkennt. Mit der Zeit dehnt man die Zeit des „Zusammenseins" der Ratten im Freilauf aus. Erst, wenn die Ratten sich über mehrere Wochen im Auslauf für je einige Stunden am Tag gut vertragen, sollte man sie im Käfig zusammensetzen. Der Käfig wird zuvor gründlich gereinigt, damit keine Ratte ihn zuvor als Revier kenntlich machen kann. Manchmal gehen solche Vergesellschaftungen innerhalb weniger Tage positiv von statten, aber es kann auch mehrere Wochen oder gar Monate dauern. Man darf nichts überstürzen und muss den Ratten Zeit geben. Es gibt auch Fälle, wo sich Ratten überhaupt nicht „riechen" können und die Zusammenführungen scheitern. Ggfs kann man auch einen Experten, z.b. einen erfahrenen Rattenhalter oder seriösen Züchter, um Rat fragen. Es sind immer mindestens zwei Ratten zu halten, drei oder vier wären sogar besser. In größeren Gruppen kommt es weniger zu Spannungen, und Einzelhaltung ist für das Rudeltier Ratte schiere Quälerei. Natürlich braucht man für größere Gruppen mehr Platz, einen größeren Käfig (oder auch mehrere …), mehr Ratten machen mehr Schmutz, verbrauchen mehr Streu und Futter, obwohl sich das auch bei kleineren Gruppen noch in Grenzen hält. Bevor man die Ratten zusammensetzt, ist ein Gesundheitscheck für jede einzelne Ratte, zumindest für jeden Neuzugang, beim Tierarzt anzuraten, damit keine Krankheiten und Parasiten eingeschleppt werden, die den gesamten „Rattenstamm" gefährden können.

Gesund – Ein Rattenleben lang

So hält man die „Riesenmäuschen" gesund

Ihr Fell pflegen Ratten selbst durch eigenes oder gegenseitiges Putzen. Langhaarige Ratten, die es hin und wieder auch gibt, kann man ggfs. mit Bürsten und Kämmen unterstützen. Der Käfig muss regelmäßig gereinigt werden, damit sich keine krankmachenden Keime und Parasiten einnisten. Ratten putzen sich mehrmals täglich gründlich. Die Krallen kann man durch Tonröhren, umgedrehte Fliesen oder Kacheln oder Steine kurz halten. Beim Überqueren dieser Utensilien schleifen sich die Krallen von alleine ab. Eventuell hilft auch das Klettern auf dicken Ästen. Falls die Krallen dennoch zu lang wachsen, kann man sie leicht mit einer Nagelfeile abschleifen. Sofern die Zähne eine korrekte Stellung haben, schleifen sie sich beim Fressen von selbst ab. Die regelmäßige Gabe von Zweigen u.ä. unterstützt dies. Wachsen die Zähne zu lang, etwa durch Zahnfehlstellungen, kann die Ratte nicht mehr richtig fressen und die Zähne können auch ins Fleisch wachsen. Der Tierarzt muss die Zähne dann regelmäßig kürzen. Vom Zuchteinsatz solcher Ratten ist abzuraten. Auch Farbratten können krank werden. Eine gesunde Ernährung, ein sauberer, geräumiger Käfig, ein richtiger Standplatz für das Rattenheim, ausreichend Beschäftigung und Bewegung und genügend Kontakt, also das ständige Zusammenleben mit Artgenossen sind eine gute Vorbeugung. Ratten lieben es, mit ihren Menschen zu schmusen und auf ihnen herumzuturnen. Dabei sollten dem Rattenhalter eventuelle Krankheitsanzeichen auffallen. Man sollte auch regelmäßig das Gewicht der Ratten überprüfen und notieren (auf einer Haushaltswaage mit Digitalanzeige; etwas Küchenpapier unter die Ratte legen). Starke Gewichtsschwankungen bei ausgewachsenen Ratten sollte man beim Tierarzt abklären lassen. Bevor kranke Ratten Symptome zeigen, ist die Erkrankung wahrscheinlich schon weit fortgeschritten. Zeigt eine Ratte die ersten Symptome, muss sie sofort zum Tierarzt. Etwas Gurke oder Melone versorgt die Ratte mit Flüssigkeit. Hat die Ratte Durchfall, sollte man vorher beim Tierarzt telefonisch nachfragen, ob die Ratte das Frischfutter bekommen darf. Ist der Haustierarzt gerade nicht zu erreichen, muss man sich an den Notdienst wenden. In größeren Städten gibt es oft eine Tierklinik, ansonsten hat irgendein Tierarzt auch an Wochenenden oder Feiertagen Bereitschaft. Auf dem Land hat ebenfalls immer ein Tierarzt Bereitschaft, da die Tierärzte auch für die Landwirte abrufbar sein müssen. Allerdings kennen sich leider nicht alle Tierärzte mit Ratten aus. Besser ist es, einen Tierarzt für Kleintiere zu finden, der sich auch mit Ratten auskennt. Verhält sich die Ratte komisch, wird sie scheu und bissig (Schmerzen!), hält sie den Kopf schief, mag sie nicht fressen, trinkt sie mehr als sonst, ist der Rücken ständig merkwürdig gekrümmt, verliert sie stark an Gewicht oder ist sie unnatürlich fett geworden, ist der Harn rot gefärbt, sind die Augen glanzlos oder verklebt, hinkt sie, zieht sie ein Pfötchen nach, hat sie Wunden oder Abszesse, irgendwelche Beulen, auch an den Pfötchen, hört man sie ständig niesen oder hat sie rasselnden Atem oder eine sog. „Blutnase", sollte man sie umgehend zum Tierarzt bringen. Auch Schorf, kahle Stellen, Parasiten sollten vom Tierarzt behandelt werden. Kratzt sich die Ratte viel, hat sie kahle Stellen im Fell oder sich sogar blutig gekratzt, kann das ein Hinweis auf Parasiten oder Krankheiten sein, eventuell auch auf Futtermittelunverträglichkeiten. In jedem Fall sollten Fell- und Hautveränderungen vom Tierarzt abgeklärt werden, ebenso sollte die Ratte zum Tierarzt, wenn sie Atembeschwerden hat, rasselnden Atem oder dauernd nach Luft schnappt. Hat die Ratte Probleme mit den Bewegungsabläufen, treten Lähmungen auf, ist sie ebenfalls unverzüglich dem Tierarzt vorzustellen.

Rattentypische Erkrankungen

Kranke Ratten gehören zum Tierarzt, der die richtige Behandlung einleiten wird. Es gibt auch Tierheilpraktiker und Tierphysiotherapeuten. In einigen Fällen können solche Behandlungen sinnvoll sein, auch wenn Ratten nicht die typischen Patienten bei Tierheilpraktikern oder Tierphysiotherapeuten sind. Vielleicht bietet auch der Tierarzt entsprechende Behandlungen an oder kann Kontakte vermitteln. Die folgenden Krankheiten erheben keinen Anspruch auf Vollständigkeit. Bei einigen Krankheiten kann es nötig sein, die kranke Ratte von den anderen zu trennen, damit sie sich in Ruhe erholen kann und/ oder die anderen Ratten sich nicht anstecken.

Atemwegsbeschwerden: Infektion durch Viren oder Bakterien, eventuell auch durch Stress verursacht oder durch Temperaturschwankungen, zu hohe oder zu niedrige Luftfeuchtigkeit. Die Ratte niest häufig, man hört sie deutlich atmen, Nase und Augen können verkrustet sein oder „laufen", die Ratte verhält sich schläfrig, lustlos und zurückgezogen. Der Tierarzt wird die Ratte behandeln, bei durch Bakterien ausgelöste Erkrankung eventuell mit Antibiotika. Auslösende Faktoren wie z.b. Zugluft oder staubige Einstreu sollte man abstellen.

Mycoplasmose: Durch Bakterien (Mycoplasmen) verursachte Erkrankung der Atemwege; die Bakterien können schon im Mutterleib übertragen werden. Lange kann die Krankheit symptomlos verlaufen; ist die Ratte stark gestresst oder geschwächt, kann die Erkrankung ausbrechen. Bei chronischen Infektionen kann es zu Nasenausfluss, Atemwegsproblemen, Bindehautentzündung und Arthritis kommen. Außerdem kann die Ratte stark abmagern oder unter Gleichgewichtsstörungen leiden. Für Menschen sind die Krankheitserreger nicht gefährlich. Bei Ratten ist meines Wissens bisher keine Heilung möglich, aber man kann die Krankheit mit Medikamenten eindämmen.

Schiefkopf: Der Schiefkopf wird durch bakterielle Infektionen ausgelöst, betroffen sind meist Mittel- und Innenohr. Die Ratte leidet unter Gleichgewichtsstörungen, hält den Kopf ständig schief und torkelt. Der Tierarzt wird eine Behandlung mit Antibiotika einleiten.

Bumblefoot: Wird meist durch ungeeignete Klettermöglichkeiten, z.B. Gitterroste, verursacht, kann durch Übergewicht verstärkt werden. Der Fußballen ist entzündet, es kann zu schmerzhaften Wucherungen kommen. Der Tierarzt wird Salben verschreiben. Ungeeignete Gegenstände sollten aus der Voliere entfernt werden.

Blutnase: Auch Roter Schnupfen, Chromodakyrorrhae. Durch Farbstoffe (Porphyrine) rot gefärbtes Sekret, das aus dem Näschen austritt, erweckt die Ratte den Eindruck, sie hätte Nasenbluten, was jedoch nicht der Fall ist. Das Sekret wird bei Stress oder anderen Erkrankungen von Drüsen der Augen gebildet. Das Sekret kann auch aus den Augen austreten. Behandlung durch den Tierarzt; Stressfaktoren beseitigen.

Parasiten: Läuse, Flöhe, Milben, Zecken, aber auch Pilze befallen die Haut und können Sekundärinfektionen auslösen. Hat die Ratte keinen Kontakt zu fremden Tieren und kommt auch nicht ins Freie, ist die Wahrscheinlichkeit, sich mit Parasiten zu infizieren, gering. Man sollte auch Knabberzweige, die man draußen schneidet, gründlich heiß mit Wasser abspülen, bevor man sie in die Voliere gibt. Bei Kontakt mit befallenen Tieren oder kontaminierter Umgebung kann sich die Ratte mit Parasiten anstecken; wenn man großes Pech hat, können Parasiten auch mit Heu, Stroh oder anderem Einstreumaterial eingeschleppt werden; deshalb unbedingt auf die Herkunft achten! Man kann Zweige, Heu ect auch einfrieren, bevor sie in die Voliere kommen, dann dürften eventuelle Parasiten tot sein (vorher das Auftauen nicht vergessen!). Der Tierarzt wird ein Mittel verschreiben, das man auf den Ratten anwenden kann. Ursachen wie beispielsweise feuchte Einstreu entfernen. Käfig und Zubehör desinfizieren. Bei Ratten kann sich Parasitenbefall in stumpfem Fell, Haarausfall, juckenden Stellen/ Ekzemen oder Schorfbildung äußern. Die Ratten wirken unruhig und kratzen und scheuern sich ständig.

Tumoren: Tumoren treten bei Ratten leider relativ häufig auf. Es kommen bei älteren Ratten Knötchen auf der Haut vor, Abszesse, die mit Talg oder Eiter gefüllt sind. Solche Knötchen müssen vom Tierarzt entfernt werden, kommen aber häufig wieder. Bösartige Tumoren (Krebs) sind häufige Krankheiten bei Ratten. Tumoren können sehr groß werden. Bei sonst gesunden Ratten kann man sie operieren. Je früher die Ratte behandelt wird, desto besser sind die Heilungschancen. Geschwülste können durch Abszesse verursacht werden (mit Talg oder Eiter gefüllte Blasen), die durch kleine Wunden entstehen, die sich entzünden oder infizieren. Tumoren können durchaus gut behandelt werden. Ratten werden überwiegend durch Inhalationsnarkose narkotisiert, so dass Operationen möglich sind. Neben Tumoren und Abszessen sind auch Kastrationen häufige Gründe für Operationen. Nach der Operation wird die Ratte erst einmal in einer separaten Box untergebracht. Man kann unter die Ratte eine

Wärmflasche legen, zwischen Ratte und Wärmflasche kommen Hand- und Küchentücher. Man kann der Ratte ein Stück Melone oder Gurke anbieten. Ratten müssen vor der OP nicht hungern, da sie nicht erbrechen können. Ratten können dazu neigen, die Wundnähte aufzubeißen. Man kann eine elastische Binde über die Ratte ziehen und mit medizinischem Klebeband fixieren. Über andere Rattenhalter, Rattenforen, vielleicht auch über das Tierheim, Zoofachgeschäfte oder Rattenzuchtvereine kann man an Adressen von Tierärzten kommen, die sich mit Ratten auskennen. Man sollte den Tierarzt über seine Erfahrungen mit Ratten ausfragen. Wenn möglich sollte sich der Tierarzt in der Nähe befinden, damit man der schwer kranken Ratte nicht noch eine lange Anfahrt zumuten muss. Wenn man Pech hat, muss man sich allerdings bei Nacht und Nebel auf den Weg ans andere Ende der Stadt machen, damit der Ratte geholfen werden kann. Kranke Ratten sollte man nur im Notfall vom Rest der Gruppe trennen, etwa bei ansteckenden Krankheiten, da man sonst das Problem hat, dass Ratten zum einen nicht gerne alleine sind, und zum anderen muss man die Ratte nach der Genesung evtl. wieder neu in die Gruppe integrieren.

Die Ratten werden alt

Ratten können ein Alter von ca. 6-7 Jahren erreichen. Leider erreichen dieses Alter nur äußerst wenige Ratten. Die meisten Ratten werden zwischen 1,5 und 4 Jahren alt. Bereits ab 1,5 Jahren sind Ratten also zu den Senioren zu zählen. Jedes Jahr, das eine Farbratte älter wird als 2 Jahre, ist ein Geschenk. Die Ratten werden langsamer, auch Ratten können Arthrose bekommen. Das Gehör und die Augen können schwächer werden. Das Näschen bleibt meistens bis zum Ende sehr gut. Der Forscherdrang wird nachlassen, dafür wird die Ratte vielleicht anhänglicher. Die Ratten schlafen mehr und fressen weniger. Dominante Ratten werden ihren hohen Rang an jüngere Tiere abgeben müssen. Das Fell wird grober, das Rattengesicht ausgeprägter. Alte

Ratten bewegen sich behäbiger und springen nicht mehr so viel. Es können auch Lähmungen auftreten. Im Käfig muss für jede Ratte alles erreichbar sein: Schlafplätze, Futternäpfe, Wassertränken usw. Im Alter treten häufiger Erkrankungen wie Nierenprobleme, Herz-, Haut- und Atemwegserkrankungen auf. Nierenerkrankungen machen sich bemerkbar durch höheren Flüssigkeitsverbrauch, Herzprobleme sind manchmal an blauen Schwanzspitzen erkennbar. Atemwegs- und Hautproblemen kann man manchmal mit vermehrten Vitamingaben vorbeugen (ggfs. beim Züchter, Tierheilpraktiker oder Tierarzt erkundigen). Die Sehkraft kann nachlassen, die Ratten können auch erblinden. Häufig haben dieses Problem hell- und rotäugige Ratten, aber auch dunkeläugige Ratten können im Alter Sehbeschwerden haben oder erblinden. Man sollte die alten Ratten leise ansprechen, wenn man sich ihnen nähert. Sie sollen ja nicht erschrecken. Klettermöglichkeiten im Käfig sollte man mit „Geländern" absichern oder Stürze durch weitere Hängematten abmildern. Auch viel weiche Einstreu im Käfig hilft, den Sturz abzumildern (vielleicht eine weiche Decke/ Schaumstoffmatte und darüber eine Plastikplane in den Käfig legen, diese mit Streu bedecken).

Alle Rattenhalter hoffen, dass ihre Ratten irgendwann einfach friedlich einschlafen. Oft muss der Rattenhalter aber mit einem Kopfnicken über Leben und Tod entscheiden. Ist eine Ratte unheilbar krank und hat sie starke Schmerzen, sollte sie vom Tierarzt erlöst werden. Ich bin ein Feind von vorschnellem Einschläfern und finde, dass jede erfolgversprechende Behandlung sich lohnt. Aber wenn es nur noch ein Dahinsiechen ist und die Ratte unter starken Schmerzen leidet, eine Heilung oder Besserung nicht mehr möglich ist, sollte man sich aufraffen und sie vom Tierarzt erlösen lassen. Die Ratte bekommt eine Narkose, ein Beruhigungsmittel und danach erst die tödliche Injektion. Meistens wird eine Überdosis Beruhigungsmittel oder Narkosemittel gespritzt. Einige Tierärzte bieten auch eine Inhalationsnarkose an, was für manch eine Ratte stressfreier ist. Man sollte seinen Tierarzt einfach darauf ansprechen. Man sollte seine Ratte bis zum Ende im Arm halten. Das beruhigende Streicheln, die vertraute Stimme ihres Menschen sollten das letzte sein, was die Ratte spürt und hört. Die Ratte in ihren letzten Momenten alleine zu lassen, ist grausam. Und auch für den Halter ist es wichtig zu wissen, dass er in den letzten Minuten seines Lieblings bei ihm war und nicht feige gewesen ist. Sofern die Ratte nicht an einer ansteckenden Krankheit gestorben ist, kann man sie den anderen Ratten noch einmal zeigen, so dass sie sie beschnüffeln können. Die anderen Ratten können dann Abschied nehmen und begreifen, dass ihr geliebter Rudelgenosse nicht mehr da ist. Bleibt eine Ratte aus einer Zweierhaltung übrig, sollte sie bald einen neuen Gefährten bekommen. Auch in eine bestehende Gruppe kann man eine neue Ratte integrieren. Man kann eine tote Ratte im Garten beerdigen. Besteht diese Möglichkeit nicht, gibt es noch die Option Tierfriedhof oder Einäscherung. Man sollte sich beim Tierarzt danach erkundigen. Wovon ich abraten würde: Die „Entsorgung" toten Ratte durch den Tierarzt. Die Ratte kommt in eine Tierkörperverwertungsanstalt, wird dort zermahlen und in Teilen weiter verarbeitet. Seife und Reinigungsmittel sind zwei mögliche Endprodukte aus Tierkohle. Ein solches Ende haben unsere geliebten Heimtiere nicht verdient!

Naturheilkunde

Auch Ratten können von Naturheilkunde profitieren. Einige Tierärzte bieten entsprechende Behandlungen an, ansonsten sollte man einen Tierheilpraktiker aufsuchen, wenn man entsprechende Behandlungen wünscht. Durch verschiedene Verfahren wie Pflanzenheilkunde (Phytotherapie), Kräuter usw können verschiedene Krankheiten noch gelindert werden, wenn die klassische Medizin bereits versagt hat. Manchmal ist Naturheilkunde die sanftere Methode. Allerdings sind derartige Heilverfahren umstritten und nicht „grundsätzlich anerkannt". Vielen Menschen und Tieren haben solche Behandlungen allerdings schon geholfen. Bei Krebs, Atemwegsbeschwerden, Arthrose usw kann Naturheilkunde Linderung verschaffen. Sie ersetzt nicht die klassische Veterinärmedizin, kann manchmal aber zusätzliche Linderung verschaffen oder eingesetzt werden, wenn die klassische Medizin versagt hat. Die Wirkung ist allerdings nicht immer belegbar und teilweise umstritten – ganz abgesehen davon, dass sich jeder nach einem Fernstudium (obwohl das nichts Schlechtes sein muss) Tierheilpraktiker nennen kann und die große Nachfrage auch zwielichtige Gestalten auf den Plan ruft, die nur schnelles Geld machen wollen. Wer sich für solche Behandlungen interessiert, kann sich bei seinem Tierarzt erkundigen oder im Internet nach einem Therapeuten googlen. Vielleicht kann man andere Rattenhalter nach ihren Erfahrungen fragen. Dann ist es leichter, einen seriösen Therapeuten zu finden – auch auf die Gefahr hin, dass man wegen seiner Rättchen belächelt wird.

Richtige Rattenernährung – Auch Ratten sind kleine Leckermäuler

Farb- und Wanderratten ernähren sich überwiegend von pflanzlicher Kost, Getreide, Gemüse, Obst. Zu einem kleinen Teil steht aber auch tierische Kost auf dem Speiseplan. Ratten sind Feinschmecker, und was die eine Ratte liebt, muss die andere noch lange nicht anrühren. In gutem Rattenfutter sind Kohlenhydrate, Fett, Vitamine, Mineralien, Spurenelemente, Ballaststoffe und kleine Mengen Eiweiß im richtigen Verhältnis enthalten. Einige Rattenhalter geben ihren Tieren hin und wieder ein paar Mehlwürmer, die man im Zoofachhandel kaufen kann. Ein paar Würfelchen milden Käse oder ein gekochtes Ei mit Schale kann man ebenfalls hin und wieder geben. Gesundes Futter erhält auch die Gesundheit der Ratten. Ratten haben einen sehr schnellen Stoffwechsel, weshalb sie ihr Futter über den ganzen Tag in kleinen Mengen verteilt aufnehmen. Ratten dürfen nicht hungern! Sie können nicht erbrechen und in ihren Wachphasen nehmen sie kleine Mengen Futter auf, danach folgt wieder ein Schläfchen! Eine Ratte sollte am Tag etwa 2 Esslöffel (30 g) Körnerfutter bekommen. Körnerfutter muss immer in ausreichender Menge in einem sauberen Napf (am besten aus Keramik, Porzellan, Glas oder Metall) angeboten werden. Der Napf wird täglich gereinigt. Im Zoofachhandel gibt es Rattenfertigfutter, Obst und Gemüse werden täglich frisch ergänzt. Ratten halten beim Fressen ihr Futter in den Vorderpfötchen. Das Futter wird mit den Backenzähnen gekaut, genagt wird mit den Schneidezähnen. Beim Fressen ist die Rangordnung der Rattengruppe gut zu erkennen, und die Ratten versuchen gegenseitig Leckerbissen voneinander abzustauben. Ranghohe Ratten haben bei der Auswahl der begehrten Leckerchen die Nase vorn. Bei unseren Farbratten müssen wir Menschen dafür sorgen, dass alle Ratten ihren Anteil bekommen. Da Rattenzähne ständig nachwachsen, brauchen Ratten Nagematerial. Ungespritzte Zweige von Obst- und Nussbäumen, aber auch Weide eignen sich hervorragend zum Nagen und damit zur Zahnpflege. Ab und zu können auch mal ein paar Nüsse gegeben werden, aber nicht zu oft. In der Natur müssen die Ratten ihr Futter erarbeiten. Um den Farbratten ein wenig Abwechslung und Beschäftigung zu bieten, kann man sich auch beim Futter einiges einfallen lassen. Neben Knabberzweigen gibt es noch andere Möglichkeiten. Man kann Leckerbissen so aufhängen, dass die Ratten ein wenig klettern müssen, um sie zu erreichen. Oder man kann Leckerbissen verstecken (siehe auch Kapitel zur Beschäftigung). Als tägliche Ergänzung zum Körnerfutter muss auch Frischfutter wie Kräuter, Obst und Gemüse auf dem Speiseplan der Ratten stehen. Möglich sind Äpfel, Möhren, Gurken, Birnen, Weintrauben, Mangos, Melonen und noch andere Gemüse- und Obstsorten. Auch Tomaten, getrocknete oder frische Maiskolben mögen viele Ratten gern. Obst und Gemüse wird vor dem Verfüttern gewaschen und abgetrocknet angeboten. Man sollte Obst und Gemüse würfeln oder in Scheiben schneiden. Man gibt am besten zwei bis drei Stücke Frischfutter mehr in die Voliere, als Ratten dort leben, um Futterneid und Zänkereien zu vermeiden. Täglich sollte man den Käfig auf gebunkerte Frischfutterreste kontrollieren und diese ggfs entfernen. Ratten tragen Futterreste gerne in ihre Verstecke, und wenn Frischfutterreste vorhanden sind, diese entfernen, damit sie nicht verderben, was nicht nur schlecht riecht und Ungeziefer anlockt, sondern auch gefährlich für die Ratten werden kann. Kräuter und Pflanzen kann man im eigenen Garten ziehen, andernfalls auch von naturbelassenen Wiesen sammeln. Wiesen, auf denen Rattenfutter gesammelt wird, sollten nicht mit Pflanzenschutzmitteln, Düngern o.ä. behandelt sein. Sie sollten auch nur wenig von Hundebesitzern frequentiert werden, da die Ratten sich sonst vergiften könnten. Die Pflanzen müssen vor dem Verfüttern heiß abgewaschen und den Ratten leicht abgetrocknet angeboten werden. Man kann Grünfutter für Ratten auch selbst im Garten oder im Blumentopf ziehen. Geeignet sind u.a. Beifuß, Blaue Luzerne, Brennessel, Gänseblümchen, Hirtentäschelkraut, Huflattich, Kamille, Löwenzahn, Pfefferminze, Rotklee, Salbei, Weißklee, Wiesenschafgarbe. Da Ratten auch kleine Mengen tierischen Ei-

Ratten sind Leckermäuler, die gerne Obst, Gemüse und Nüsse fressen.

weißes benötigen, kann man ab und zu ein kleines Stückchen milden Käse oder ein gekochtes Hühnerei mit Schale anbieten.

Es gibt auch einige wenige Katzentrockenfutter auf Fleischbasis (die meisten bestehen aus Getreide). Hier kann man ab und zu ein paar kleine Bröckchen geben, das Futter sollte aber kein Taurin beinhalten, das für Katzen lebenswichtig, für Ratten schädlich ist. Ein (für Katzen) gutes Katzentrockenfutter zu finden, das Ratten vertagen, ist nahezu unmöglich. Hasel- und Walnüsse fressen Ratten gern. Man kann sie mit intakter Schale geben, dann haben die Ratten etwas zu tun. Bekommt die Ratte die Schale nicht auf, sollte man ihr helfen. Wie beschrieben, dürfen Ratten öfter mal Zweige von Obst- und Nussbäumen bekommen. Es dürfen noch Blüten daran sein, das ist nicht schädlich. Für die Ratten ist das Zerlegen des Zweigs ein Genuss. Sie sind beschäftigt und pflegen ihre Zähne. Auch im Zoofachhandel werden Nagehölzer angeboten. Als Leckerchen sind neben kleinen Stückchen milden Käse auch gekochte oder ungekochte Nudeln, Reis, Mais aus der Dose oder frische bzw auch getrocknete Maiskolben geeignet. Hin und wieder kann man sie füttern. Beim Freilauf der Ratten muss man acht geben, was so herumliegt. Alkohol, Schokolade, Süßigkeiten, Kuchen, Kekse, Eiscreme, Chips, stark gewürzte Speisen, solche Speisen mit zuviel Salz u.a. sind für Ratten ungesund bis schädlich. Zucker führt zu Zahnschäden, Scharfes zu Verdauungsbeschwerden und Übelkeit. Wer seine Ratten liebt, verwöhnt sie nur mit rattentauglichen Leckerchen. Unter „Ratten richtig beschäftigen" sind einige Ideen beschrieben, wie

Zwei junge Ratten beknabbern gemeinsam ein Stück Apfel.

man Rattenfutter in die Beschäftigung mit den Tieren einfließen lassen kann (z.B. Futtergirlanden, Leckerchen suchen...).

Hausputz im Rattenheim

Es ist wichtig, dass die Ratten stets einen sauberen Käfig haben. Ist der Käfig dauernd dreckig, breiten sich schnell Krankheiten wie Atemwegsprobleme, entzündete Pfötchen, Hautkrankhei-

ten, Parasiten usw aus. Ganz abgesehen davon, dass ein schmutziger Käfig schnell unangenehm riecht. Die Ratten bekommen täglich frisches Futter. Dabei werden alle Futternäpfe gründlich gespült, abgetrocknet und neu befüllt wieder in die Voliere gestellt. Wassernäpfe und Nippeltränken werden ebenfalls täglich gereinigt. Wassernäpfe haben den Nachteil, dass sie schnell mit Streu zugeschaufelt werden. Nippeltränken sind schwer zu reinigen und nicht sehr langlebig. Man sollte das Metallröhrchen regelmäßig mit einem Wattestäbchen reinigen. Ansonsten wird die Trinkflasche täglich heiß gespült und erst nach der vollständigen Trocknung wieder in die Voliere gegeben. Fängt die Nippeltränke an zu „lecken" und wird sie unansehnlich, ist sie auszutauschen. Ständig nasse Streu unter der Nippeltränke deutet auf ein Auslaufen hin. Die Flasche wird mit heißem Wasser ausgespült, nach dem Trocknen neu mit kaltem Wasser befüllt. Ggfs. eine Flaschenbürste zu Hilfe nehmen. Da Ratten gerne Futter bunkern, ist der Käfig täglich nach Resten abzusuchen und diese ggfs zu entfernen. Frischfutter sollte nicht länger als 24 Stunden im Käfig liegen. Alle 1-3 Tage entfernt man feuchte Streu und ersetzt sie durch neue, etwa 1 mal wöchentlich ist die Streu komplett zu wechseln und der Käfig (-boden) ggfs nass zu säubern. Auch feuchtes und verschmutztes Nistmaterial wird entfernt, haben die Ratten eine Sandschale, ist auch der Sand 1-2 x wöchentlich zu wechseln. Riecht es zwischendurch unangenehm, einfach mal die Käfigecken, die besonders mit Harn durchtränkt sind, reinigen. Den Käfig 5-10 cm hoch mit Streu einstreuen. Der Ammoniakgeruch ist unangenehm für Mensch und Ratte, außerdem kann ein nicht ausreichend gereinigter Käfig die Atemwege der Ratte arg in Mitleidenschaft ziehen. Die Ratten können bei der Käfigreinigung in den Freilauf entlassen, in ihr Gehege gesetzt oder in eine Transportbox verbracht werden, damit man den Käfig in Ruhe reinigen kann. Alte Streu, altes Futter und altes Nistmaterial wird mit einer Handschaufel o.ä. entfernt. Stößt man auf Frischfutterreste, die älter als 1 Tag sind, sind auch diese zu entfernen. Wasserabwaschbares Material, wie z.B. Plastikbodenwannen, Fliesen, Keramik-, Glas-, Metall- oder Porzellannäpfe werden heiß abgespült und gründlich getrocknet; ggfs ein mildes Spülmittel verwenden und gut ausspülen, damit die Ratten sich nicht vergiften (man kann auch Essig verwenden). Häuschen, Spielzeug usw sind ebenfalls zu reinigen; Desinfektionen sind normalerweise nur nötig, wenn eine Ratte krank war oder Parasiten hatte (Tierarzt fragen). Das gesamte Käfiggitter muss nur gelegentlich gereinigt werden, oder wenn eine Ratte krank war oder Parasiten hatte. Um die Reinigung zu erleichtern, kann man Küchenrolle unter die Einstreu legen – die allerdings von vielen Ratten auch gerne geschreddert wird! Zernagte Zweige werden regelmäßig ersetzt. Sind Hängematten schmutzig oder zerschlissen, werden sie gewaschen oder ausgetauscht. Häuschen und andere Gegenstände werden gereinigt und wenn nötig ersetzt. Sie sollten aber immer am selben Platz stehen. Rings um das Rattenheim ist gegebenenfalls Staub zu saugen.

Ratten richtig beschäftigen

Ratten lieben *Knabberzweige*, die sie nach Herzenslust benagen und zerlegen können. Das beschäftigt und ist gut für die ständig nachwachsenden Zähnchen. Zweige sollten nur von naturbelassenen, nicht gespritzten Bäumen bzw Wiesen geschnitten werden. Wenn man keine Bäume im Garten hat, kann man sich auch anderweitig umsehen (den Eigentümer des betreffenden Grundstücks ggfs um Erlaubnis bitten). Ratten lieben es, die Zweige zu zerlegen. Knospen und Blüten können mit verfüttert werden. Geeignet sind z.B. Haselnussstrauch, Heidelbeerbsuch, Johannisbeerbusch, Apfelbaum, Birnbaum. Weniger geeignet sind u.a. Zweige von harzenden Bäumen und solchen, die ätherische Öle freisetzen. Man kann Zweige in der Natur schneiden, aber auch teilweise im Zoofachhandel erwerben. Im Internet gibt es ebenfalls Anbieter, die Zweige und Knabberhölzer verschicken. Man sollte Zweige und Äste abschneiden, -knipsen oder -sägen. Reißen und Brechen kann

Solche Leitern kann man verwenden, um den Ratten den Zugang zu anderen Etagen im Käfig zu ermöglichen.

dem Baum schaden! Äste und Zweige, die man in der Natur geschnitten hat, sollte man heiß unter fließendem Wasser abspülen (ohne Reinigungsmittel) und nach dem Trocknen in die Voliere geben. Einige Halter frieren die Zweige ein paar Tage ein, um sie nach dem Auftauen in die Voliere zu geben. Hier werden Parasiten usw abgetötet. Man kann die Zweige auch im Backofen ein, zwei Stunden bei 100 °C erhitzen, um Ungeziefer abzutöten. Die Zweige werden dabei allerdings „trocken", was den Spaß der Ratten beim Zernagen natürlich bremst. Geeignetes Spielzeug sind auch Weidenbällchen, die man im Zoofachhandel kaufen kann und die die Ratten zerlegen können. Eine Möglichkeit, Ratten zu beschäftigen, sind Futtergirlanden. Hierzu fädelt man beliebte Futterstücke, z.B. Obst- und Gemüsestückchen, ungekochte Nudeln o.ä., auf einem Strick auf. Diesen hält man den Ratten so vor die Nase, dass sie sich die Futterbröckchen davon „abpflücken" müssen. Das fördert die Mensch-Ratte-Beziehung. Man hält den Ratten die Girlande vor die Nase, auch so, dass sie sich hier und da etwas strecken und anstrengen müssen, um an die beliebten Futterbrocken zu kommen. Man kann Ratten auch Nüsse zum Knacken geben, sie sind dann eine Weile damit beschäftigt, die Nuss aufzubekommen. Walnüsse und Mandeln sind z.B. geeignet. Ggfs. bei der täglichen Futtermenge berücksichtigen. Außerdem sollte man wie schon erwähnt regelmäßig den Käfig auf Futterreste kontrollieren, da Ratten gerne Futter „bunkern". Dieses gebunkerte Futter kann schlecht werden, was nicht nur zu schlechtem Geruch und Ungezieferbefall führen kann, die Ratten können auch davon krank werden. Futter kann man auch so im Käfig verstecken, so dass Ratten ihren Geruchssinn einsetzen müssen, um es zu finden. Man kann z.B. kleine Futterstücke (z.B. Nüsse, Obststückchen, Gemüsestücke) im Käfig verteilen, unter der Streu, in den Ecken, im Häuschen, in einer Pappschachtel, die die Ratten öffnen oder zernagen müssen, um an den Inhalt zu kommen ... Der Phantasie sind kaum Grenzen gesetzt. Durch Futtersuchen sind die Ratten einige Zeit sinnvoll beschäftigt und benutzen sowohl ihren Verstand als auch ihren Geruchssinn. Das macht müde!

Leckerchen wie Obst-, Gemüse- oder Käsestückchen kann man auch an einem Futterspieß befestigen. Im Zoofachhandel gibt es z.B. Frucht- und Gemüsehalter aus Metall, die man ins Gitter hängen und auf denen man Frischfutterstückchen aufspießen kann. Man kann diesen Spieß so im Käfig befestigen, dass die Ratten sich ein wenig strecken oder klettern müssen, um an die Leckerbissen zu gelangen. Man kann aber auch Frischfutter auf einem sauberen Zweig aufspießen. Bekommt eine Ratte die Nuss nicht auf, sollte man ihr etwas helfen. Ratten lieben Unter-

schlüpfe. Sie brauchen *Röhren zum Verstecken*. Geeignet sind Weidentunnel und Korkröhren, die man im Zoofachhandel kaufen kann, aber man kann auch Kunststoffrohre nehmen (letztere können allerdings beim Annagen den Ratten schaden). Holzhäuschen als Unterschlupf sind ebenfalls geeignet. Der Durchmesser der Ein- und Ausgänge muss so groß sein, dass auch die größte und dickste Ratte nicht steckenbleiben kann. Alle Gegenstände, mit denen die Ratten in Berührung kommen, müssen regelmäßig gereinigt, d.h. heiß abgespült und nach dem Trocknen wieder in die Voliere gegeben werden, ggfs muss man sie gelegentlich austauschen, wenn sie stinken oder unansehnlich geworden sind. In Kunststoffröhren kann man auch Küchenpapier legen (regelmäßig wechseln), damit die Ratten nicht dauernd in ihrem eigenen Urin liegen. Korkröhren können bedenkenlos zernagt werden. Weinreben sind ebenfalls beliebt. Man kann sie im Zoofachhandel kaufen. Die Ratten können darauf herumturnen, teilweise darunter kriechen und die Reben natürlich auch bedenkenlos benagen. Natürlich sollten sich keine Metallklammern, lange Fäden, an denen die Ratten sich verletzen, strangulieren oder Gliedmaßen abschnüren könnten, giftige Bestandteile wie Klebstoffe o.ä. an den Gegenständen befinden. Heutunnel, die man im Zoofachhandel kaufen kann, sind ebenfalls bei Ratten beliebt. Die Ratten können sich darin versecken, die Tunnel aber auch gefahrlos in ihre Bestandteile zerlegen bzw auffressen. Ratten *buddeln* gerne. Man kann ihnen eine flache Schale (Blumentopfuntersetzer), Schüssel oder ähnliches anbieten, alles standfest und mit Sand (z.B. Chinchillasand, Vogelsand oder Spielzeugsand aus dem Baumarkt) gefüllt. Im Sand kann man Leckerbissen verstecken. Kästen mit Walderde aus dem Zoofachhandel, aber auch Buchenholzgranulat oder Waldboden aus dem Zoofachhandel eignen sich für Buddelkisten. Gelegentlich wird der „Bodenbelag" in der Schale ausgetauscht. Auch Töpfe mit Katzen- oder Gartengras eignen sich als „Buddelspielzeug" oder zur Grünfutterergänzung. Ratten sind alles andere als dumme Tiere. Sie sind hoch intelligent, und intelligente Tiere brauchen Beschäftigung. Verschiede „Spiele" eignen sich hervorragend. Ratten können auch verschiedene Tricks lernen. Hält man ihnen z.B. ein Leckerchen hoch über den Kopf, so dass sie sich aufrichten müssen, kann man das Signal „Männchen" geben, sobald die Ratte sich zu voller Größe aufgerichtet hat. Im selben Moment gibt es das Leckerli und jede Menge Lob. Hat die Ratte „Männchen" verstanden, kann man auch „Dreh dich" trainieren. Man hält der Ratte ein Leckerli vor das Schnäuzchen und führt es um sie herum. Dreht sie sich nach dem Leckerli um, folgt sofort das Signal „Dreh dich". Dabei hält man das Leckerli so, dass die Ratte sich wirklich drehen muss, wenn sie es haben will. Hat sich die Ratte einmal gedreht: Leckerli geben und loben! Eventuell kann man auch mit dem Clicker trainieren (dazu gibt es verschiedene Literatur, die z.T. auch auf Ratten anwendbar ist). Man kann die Ratte auch mittels Leckerli durch eine Röhre locken und dabei ein entsprechendes Signal geben. Ratten sind schlau und haben das bald verstanden. Man sollte ihnen aber Ruhe gönnen, sobald sie offensichtlich keine Lust mehr haben.

Wenn die Ratten einziehen, muss man erst einmal *Vertrauen zu ihnen aufbauen.* Dafür beschäftigt man sich viel, unaufgeregt und liebevoll mit ihnen. Man geht so vor, wie unter „Eingewöhnung" beschrieben. Liebevolle, unaufgeregte, artgerechte und regelmäßige Beschäftigung ist die beste Methode, um das Vertrauen der Ratten zu gewinnen. Ratten sind wahre Schmuser, wenn man sie viel mit ihnen beschäftigt und liebevoll mit ihnen umgeht.

Husky-Ratte

Echten Freilauf in der Wohnung sollte man ihnen erst gönnen, wenn sie sich eingelebt haben und sie zutraulich und anhänglich geworden sind. Auch hier ist zu beachten, was unter dem Punkt „Eingewöhnung" zu entnehmen ist. Ratten werden normalerweise nicht stubenrein. Man kann versuchen, ihnen ein mit Rattenköttel und Sand oder Streu gefülltes Toilettenkistchen anzubieten. Man darf aber nicht enttäuscht sein, wenn sie das Kistchen nicht annehmen und ihre Pfützchen und Häufchen verteilen, wo sie gehen und stehen. Um den Boden und beliebte Plätze beim Freilauf zu schützen, kann man dort Plastikplanen auslegen, darüber kommen z.B. alte Handtücher, Bastteppiche o.ä. Alles ist regelmäßig zu reinigen bzw auszutauschen. Scharfe oder spitze Gegenstände (z.B. Messer, Nadeln), heiße Gegenstände (z.B. Kerzen, offenes Kaminfeuer, Herd, Bügeleisen) dürfen für die Ratten nicht erreichbar sein. Alles, was die Ratten ruinieren könnten, oder was ihnen schaden könnte, wird weggeräumt. Auch Elektrokabel ect. Am besten halten sich keine anderen Tiere in dem Raum auf, in dem die Ratten ihren Freilauf genießen. Giftpflanzen sind außer Reichweite der Ratten aufzustellen, damit die Kleinen sich nicht vergiften. **Giftig für Ratten sind z.B.** Agave, Aloe, Alpenveilchen, Amaryllis, Azalee, Bogenhanf, Christrose, Christusdorn, Chrysantheme, Clivie, Dieffenbachie, Efeu, Efeutute, Engelstrompete, Farn, Feigenbaum, Geranie, Goldregen, Hakenlilie, Hortensie, Hundspetersilie, Hyazinthe, Kalla, Krokus, Lebensbaum, Liguster, Mahonie, Maiglöckchen, Mistel, Mittagsblume, Myrte, Narzisse, Oleander, Osterglocke, Passionsblume, Primel, Rizinus, Stechapfel, Weihnachtsstern, Wolfsmilchgewächse, Zimmerkalla, Zwergmispel (ohne Anspruch auf Vollständigkeit). Wenn man sicher ist oder den Verdacht hat, dass die Ratte von diesen Pflanzen gefressen hat, sollte man sie schleunigst zum Tierarzt bringen und auch die Pflanze oder einen Teil von ihr (z.B. eine Blüte) mitnehmen, damit der Tierarzt gleich die Behandlung einleiten kann. **Topfpflanzen** müssen eventuell vor allzu neugierigen und aufdringlichen Ratten **geschützt** werden. Ratten nagen gerne an Blättern und Blüten, und sie schaufeln mit ihren kleinen Pfötchen gerne Erde aus den Töpfen. Manche Ratten lassen sich erziehen, indem man sie immer wieder von der Pflanze wegholt und streng „Nein!" sagt. Beim Freilauf sollte man die Ratten aber beaufsichtigen und entweder die Pflanzen wegräumen (giftige Pflanzen gehören auf keinen Fall in die Reichweite der Ratten!) oder die Töpfe mit Kaninchendraht vor allzu aufdringlichen Ratten schützen. Ratten **klettern** gerne. Neben „Etagen", die man im Käfig anbringen kann (siehe auch „Unterbringung und Zubehör"), kann man auch Kletterseile, dicke Äste und Holzleitern mit einem Sprossenabstand von ca. 1,5 cm im Rattenheim anbringen. Von **Laufrädern** würde ich **abraten**. Sie können die Wirbelsäule der Ratten schädigen, Pfötchen können sich einklemmen. Wenn überhaupt, sollten Laufräder für Ratten komplett aus geschlossenem Holz bestehen (nach vorne offen, nach hinten geschlossen). Solche Laufräder müssen einen Mindestdurchmesser von 40 cm haben. Die Seite mit der Halterung ist geschlossen, die

Lauffläche mit den Sprossen ist ebenfalls geschlossen, damit keine Rattenpfötchen sich einklemmen können. Solche Laufräder werden von der Firma Rodipet™ angeboten. Ist das Laufrad zu klein, kann sich die Ratte schwere Schäden an der Wirbelsäule zuziehen! Im Zweifelsfall sollte man auf ein Laufrad für Ratten verzichten. Ratten **baden** gerne, und sie sind **ausgezeichnete Schwimmer**. Es gibt allerdings auch wasserscheue Ratten, die man nicht zum Baden zwingen darf! Man kann Futterbröckchen, z.b. Gurkenscheiben, in eine flache, mit Wasser gefüllte Schale legen. Manch eine neugierige Ratte wagte sich ins kühle Nass, als ein besonderer Leckerbissen lockte oder eine befreundete Ratte es ihr vormachte! Man kann z.B. Gurken- und Möhrenscheiben in der Wasserschale verteilen. Die Ratte muss die Wasserschale immer aus eigener

Ratten sind sehr reinliche Tiere, die viele Stunden des Tages mit der eigenen und gegenseitigen Körperpflege verbringen.

Kraft verlassen können. Ratten sind zwar ausgezeichnete Schwimmer, aber sind die Wände des Wassergefäßes zu glatt und rutschig (wie in einer Badewanne), kann die Ratte sich nicht mehr aus eigener Kraft daraus befreien. Irgendwann verlässt sie die Kraft und die Ratte kann ertrinken! Nach dem Baden muss die Ratte unbedingt vorsichtig mit einem Handtuch abgetrocknet und bis zur vollständigen Trocknung in warmer Umgebung gehalten werden. Ratten sollten nicht mit Shampoo gebadet werden (es sei denn aus medizinischer Indikation und nach Absprache mit dem Tierarzt), da sich damit ihr Geruch verändert.

Der vertraute Rudelgeruch verändert sich somit (wenn auch nur vorübergehend), und das kann zu Spannungen unter den Ratten führen – wenn man Pech hat, muss man die Ratten neu in das Rudel integrieren!

Ein wenig Genetik

An dieser Stelle möchte ich ein wenig auf die faszinierende Farbgenetik unserer Farbratten eingehen. Leider gibt es hierüber offensichtlich kaum Literatur. Zur Erstellung dieses Textes habe ich u.a. auf der Website www.bubus-rattery.de gestöbert. Wer sich näher mit der Farbrattengenetik auseinander setzen möchte, dem sei diese Website empfohlen. Auch das Rattenbuch von Marina Netzer, „Ratten: Kleine Wesen mit großem Herz", beschäftigt sich etwas mit den Farbschlägen. Desweiteren kann man sich hierzu auch mit einem versierten Rattenzüchter bzw einem Rattenzuchtverein in Verbindung setzen. Hier wird dem Interessierten in Sachen Rattengenetik sicher weiter geholfen. Es ist sehr schwer, entsprechende Literatur zu finden, die sich mit der Genetik/ Zucht von Farbratten beschäftigt.

Bei Ratten unterscheidet man den Genotyp (alle Gene, die die Ratte besitzt – diese müssen nicht unbedingt im Phänotyp sichtbar sein) und den Phänotyp, also die äußere Erscheinung. Auf den Genen sitzen Chromosomen (Kernfäden), die alle Erbinformationen beinhalten. Zudem unterscheidet man reinerbige (homozygote) und mischerbige (heterozygote) Erbanlagen. Gene können sich dominant (übergeordnet) oder rezessiv (untergeordnet) vererben. Rezessive Erbanlagen müssen von beiden Eltern kommen, um beim Nachwuchs in Erscheinung zu treten, während sich dominante Anlagen normalerweise immer vererben bzw bei den Nachkommen zeigen. Manchmal vererben sich rezessive Merkmale über sehr lange Zeiträume hinweg unbemerkt und treten vielleicht gar erst nach Jahren wieder bei den Nachkommen zu Tage, wenn zwei rezessive Träger dieses

Merkmals gekreuzt werden. Ratten können für bestimmte Merkmale also rein- oder mischerbig sein, sie können Merkmale dominant (sichtbar, übergeordnet) oder rezessiv (untergeordnet und nur sichtbar, wenn das Merkmal von beiden Eltern vererbt wird) tragen bzw weitervererben. Die Gene liegen auf verschiedenen Genorten (Loci) vor. Ratten können z.B. Träger verschiedener Fellfarben sein. Die Ratte kann also eine bestimmte Farbe optisch zeigen, die dominant (übergeordnet) vererbt wurde. Sie kann reinerbig für diese Farbe sein und somit auch nur diese Farbe weiter vererben. Sie kann aber auch rezessiver Träger einer untergeordneten Farbe sein. Diese Farbe wäre dann bei betreffender Ratte nicht sichtbar, sofern die Ratte eine andere Farbe übergeordnet (dominant) trägt und vererbt. Die rezessive Farbe kann erst dann bei den Nachkommen zu Tage treten, wenn die Ratte mit einer anderen Ratte gekreuzt wird, die die betreffende Farbe rein- oder mischerbig trägt oder ein untergeordnetes Gen. Da die Rattenwelpen von jedem Elter zu gleichen Teilen ihre Gene erben, d.h. von jedem Elter die Hälfte ihrer Gene erhalten, können sie Gene bzw Farben untergeordnet weiter vererben. Rezessive (untergeordnete) Farben bzw Gene treten erst dann zutage, wenn sie in doppelter (homozygoter bzw reinerbiger) Form auftreten. Das ist z.B. dann der Fall, wenn die Rattenwelpen von jedem Elter das gleiche rezessive Gen für z.B. eine bestimmte Fellfarbe erben. Ratten können sich deshalb im Genotyp (genetische Veranlagung, die das Tier trägt) und im Phänotyp (äußere Erscheinung des Tieres) unterscheiden. Die Ratte kann z.B. mischerbig für verschiedene Fellfarben sein. Züchter verpaaren gezielt Farbschläge. Dabei sollte unbedingt auf wesensmäßig und körperlich gesunde Ratteneltern geachtet werden. D.h., die Ratten haben keine körperlichen Anomalien, sie sind nicht ängstlich, scheu oder bissig. Die Ratten sollten gesund sein. Leider sind die Farbratten nicht nur Abkömmlinge der Wanderratte, sondern auch der Laborratte. Da diese Laborratten für medizinische Versuche „verbraucht" wurden, kamen sie natürlich mit verschiedenen Krankheitserregern in Berührung. Scheinbar hat sich durch diese gezielte Manipulation auch das

Erbgut der Ratten verändert, und nicht selten erkranken unsere Farbratten heute an Tumoren oder anderen Krankheiten. Eine gesunde Farbratte kann durchaus ein Alter von ca. 6-7 Jahren erreichen. Wir können allerdings froh sein, wenn unsere Farbratten ein Alter von 3-4 Jahren erreichen. Teilweise wird leider nicht einmal dieses Alter erreicht, und die Tiere sterben schon im Alter von 6 Monaten bis 2 Jahren. Da der überwiegende Teil der Farbratten sowieso als Tierfutter „gezüchtet" wird, fällt die geringe Lebenserwartung nicht einmal auf. Für die Heimtierhalter, die Farbratten als Familienmitglieder halten, ist es allerdings traurig, wenn ein Rattenleben schon so früh endet. Auf der anderen Seite gibt es aber auch seriöse Rattenzuchtvereine und Rattenzüchter, die ihre Tiere gewissenhaft züchten, die Elterntiere sorgfältig nach Wesen und Gesundheit aussuchen und versuchen, Erbkrankheiten zu bekämpfen. Die Realität sieht leider allerdings oft anders aus... Selbst seriöse Züchter können keine Gewähr dafür geben, dass alle ihre Nachzuchten bis ins hohe Alter gesund bleiben (wenn sie das tun, würde ich mir eine schriftliche Bestätigung des Züchters aushändigen lassen, dass er im Falle einer Erkrankung der Ratte alle Tierarztkosten übernimmt. Spätestens dann wird der Züchter seine Aussage überdenken!). Aber sie können durch artgerechte Haltung und gezielte Zucht mit (erb-) gesunden, wesensfesten Ratten das Risiko stark senken. Die Zucht direkt soll nicht Thema dieses Buchs sein. Ich empfehle weiterführende Literatur, auch verschiedene Websites sowie natürlich die Kontaktaufnahme mit einem Züchter bzw Zuchtverein.

Züchter verpaaren also gezielt bestimmte Farbschläge. Es gibt verschiedene Allelserien wie auch bei anderen Tieren. Allele sind bestimmte Varianten von Genen. Das Agouti- oder Wildfarbengen (A) sorgt für eine Bänderung des Einzelhaares. Die Ratte hat auf jedem Einzelhaar eine weißlich-gelbe bis braune Bänderung, die Spitze des Haares ist schwarz. Die Ratten mit der Genkombination AA (reinerbig) und Aa (mischerbig für Agouti) haben diesen Farbschlag. Bei „aa" ist das entsprechende Gen nicht vorhanden und die Ratten können diesen Farbschlag nicht ausbilden bzw weitervererben. Ratten ohne das Agouti-gen nennt man auch Non-Agouti. Trägt eine Ratte das Solid-(Einfarbig) Braun/ Brown-Gen (B), wird Eumelanin (dunkles Melanin, dunkles Pigment) nicht im Fell ausgeprägt. Brown wird auch als Chocolate bezeichnet. Bisher sind Chocolate-Ratten bei uns äußerst selten. Schwarze Ratten können im Laufe der Zeit einen bräunlichen Farbton bekommen, da die Eumelaninproduktion, also die Bildung von dunklem Pigment im Alter nachlässt. Bei BB und Bb wird das Eumelanin ausgeprägt, bei bb nicht. Albinos (Allel C) bilden kein Pigment aus. Sie „leiden" unter einer Störung der Melaninproduktion, d.h. die Bildung von Pigment in Haut, Haar und Augen unterbleibt vollständig. Trägt die Ratte die Genkombinationen „CC" oder „Cc", wird Melanin ausgebildet, bei „cc" unterbleibt die Bildung von Pigmenten vollständig. Ratten mit der Genkombination „cc" sind vollkommen weiß, haben weiße bis durchscheinende Krallen, die Haut ist rosa. Die Augen sind farblos, durch die durchscheinenden Blutgefäße wirken sie rosa bis rot. Albinoratten haben häufig Probleme beim Sehen und Hören, was sie durch Kopfpendeln kompensieren, um die Geräuschquelle zu „orten". Außerdem sind sie meistens extrem lichtempfindlich. Man sollte sie vor allzu starker Lichteinwirkung schützen. Unter diesem Aspekt stimmt die Zucht von Albinoratten bedenklich. Auf dem Locus C liegen weitere Gene. Siamesenratten tragen das Gen ch. Solche Ratten sind hell, also weiß bis gelblich, und tragen dunklere Points an den kühleren Körperstellen wie Ohren, Schnäuzchen, Füßchen und Schwanz, bei Böckchen eventuell der Hodensack. Die Genkombination „ch ch" sorgt dafür, dass die gelben Pigmente aufhellen und (fast) weiß erscheinen. Durch das Gen ist die Fellfarbe von der Temperatur des Körpers abhängig. Kälte sorgt dafür, dass die Points dunkler werden (Kälteschwärzung). Wird es wärmer, hellen die Points auf. Würde man die Partien mit den dunklen Points scheren und die Ratte in eine warme Umgebung stecken, würden diese geschorenen, ursprünglich dunklen Partien heller bis weiß nachwachsen. Die Points dieser

Siamesenratten kommen in verschiedenen Farben vor. Durch eine weitere Verdünnung mit Albino zu „chc" von beige/ creme bis weiß werden die Points kleiner und heller. Diese Ratten werden Himalayan-Ratten genannt. Ratten mit dem „Gray"- (G) Locus haben verdünnte Pigmente, was zu einem hellgrauen Fell führt. GG bewirkt keine Aufhellung des Fells, Gg hellt das Fell etwas auf, und Ratten mit gg haben hellgraues bzw blaues Fell. Das Gen wird sowohl mit „dd" als auch mit „gg" gekennzeichnet, es handelt sich aber wohl bei beiden Bezeichnungen um das selbe Gen. Auch Blau wird unterschiedlich bezeichnet, z.B. als Powder Blue oder American Blue. Es geht aber wohl um den selben Farbschlag bzw das selbe Gen. Ratten im Farbschlag Mink (M) erscheinen schokoladenbraun. Manche Gene kommen nur in der Kombination mit Mink sichtbar vor, bei anderen Genen sind sie rezessiv vorhanden, beispielsweise Merle und Pearl, die sich beide dominant vererben. Ratten im Farbschlag Russian Blue (RB) haben mehr Pigment als normale Farbschläge, aber das Fell ist heller, die Ratten sind dunkelblau. Ratten mit RBRB sind schwarz, Ratten mit rbrb blau, also aufgehellt. Die Gene PED und RED führen dazu, dass die Ratte rote Augen hat, bei RED sind die Augen rubinrot (Ruby) oder dunkelrot (Dark Ruby, fast schwarz). Bei PED ist die Augenfarbe sehr hell und wirkt eher rosa oder pink.

In der Rattengenetik gibt es die Agouti-Basis und die Non-Agouti-Basis (auch Schwarze Basis, Non-Agouti-Based oder Black-Based genannt). Das Agouti-Gen ist dominant. Es kann nur vererbt werden, wenn mindestens ein Elter das Gen trägt. Das Agouti-Gen sorgt für eine Bänderung des Einzelhaares, was es deutlich von Solid unterschiedet. Eine Ratte, die keine Bänderung im

Cremefarbene Ratte.

Haar aufweist, ist keine Agouti-Ratte und kann Agouti auch nicht vererben. Agouti kann als reine Fellfarbe auftreten, aber auch in Kombination mit anderen Farbschlägen.

Das Red Eyed Dilute (RED) ist für beige und fawn farbene Ratten zuständig. Es führt zu roten Augen. Das Gen wird mit „R" abgekürzt. Die Kreuzung einer schwarzen Ratte (aa) mit einer beigen (aa rr) führt zu schwarzen Ratten mit dem rezessiven Gen RED. Würden zwei Ratten aus dem Wurf gekreuzt, kämen wahrscheinlich schwarze, RED-tragende Welpen dabei heraus. Davon wieder zwei gekreuzt, und wir haben 75 % schwarze Welpen, davon wiederum 50 % mit RED. Die 25 % verbliebenen Ratten sind beige (aa rr). Es gibt auch Ratten, die Farbschlägen angehören, die durch mehr Gene verursacht werden bzw die kombinierte Farbschläge zeigen. Die Vererbung wird dann komplizierter.

Ich wollte mit diesem Kapitel nur ein kleines Grundprinzip aufzeichnen. Keinesfalls soll es eine Anleitung oder Ermunterung zur Zucht sein. Auch kann ich in diesem Buch nicht auf sämtliche

Farbschläge der Farbratten oder auf alle Fragen der Rattengenetik eingehen. Vielleicht habe ich den einen oder anderen
Rattenfreund für dieses faszinierende, teilweise durchaus kom-
plizierte Thema begeistern können. Um sich ein wenig mehr mit
dem Thema auseinander setzen zu können, empfehle ich verschiedene Websites und natürlich das Gespräch mit einem erfahrenen, versierten Rattenzüchter. Leider scheint die (ge-
druckte) Literatur über Rattenzucht und -genetik recht mager zu
sein. Das Buch „Ratten. Kleine Wesen mit großem Herz" beschäftigt sich ebenfalls mit den Farbschlägen. Nicht zuletzt können
auch die Rattenzuchtvereine dem Interessenten weiterhelfen.

Oben: v.l. weiß-grau; Albino; Haubenratte weiß-creme. Unten: v.l. Siamfarbene Ratte; weißes Schwarzauge.

Oben: v.l. schwarze Ratte; Down-under-Ratte grau-weiß; Siam weiß-braun. Unten: links: Husky-Ratte weiß-creme, rechts: Husky-Ratte weiß-grau.

Oben: v.l.: Rattenwelpen, Haubenratten, weiß-creme; Wanderratte, braun; Hausratte, schwarz; Farbratte, Haubenratte, schwarz-weiß. Unten: v.l. Husky-Ratte weiß-grau; Haubenratte weiß-grau (Dumbo).

Oben: braune Ratte und weißes Schwarzauge bei der gegenseitigen Fellpflege. Rechts: Albino und schwarze Ratte bei einem Rangordnungsspiel.

Grau-weiß gescheckte Ratte.

Literatur

Bücher:

Bulla, Gisela; Ratten als Heimtiere; Gräfe und Unzer, 1992, ISBN 3-7742-1258-9

Glatz, Ursula; Leitfaden zur optimalen Rattenhaltung; Club der Rattenfreunde Schweiz (Hrsg.), 2006; Bezug möglich über den Club der Rattenfreunde Schweiz (www.rattenclub.ch)

Graham, Kenneth; Der Wind in den Weiden; Knesebeck, 2012, ISBN 978-3868734232 (Kinderbuch, aber auch lesenswert für Erwachsene!)

Kristen-Deliano, Irene/ Deliano, Lukas-Constantin; Burgi und der geheimnisvolle Dachspeicher (Kinderbuch mit „rattiger" Hauptperson); Creastro, 2012, ISBN 978-3939078517

Lange, Monika; Ratten – Glücklich & gesund; Gräfe und Unzer, 2005, ISBN 3-7742-5582-2

Langos, Andrea; Pfiffige Ratten; Kosmos, 1997, ISBN 3-440-07454-4

Langos, Andrea; Ratten: Halten, pflegen, beschäftigen; Kosmos, 2013, ISBN 3440135802

Lauer, Isabella; Kleintiere – Unsere liebenswerten Freunde; Neuer Honos Verlag, ISBN 3-8299-0458-4

Ludwig, Gerd; Meine Ratte; Gräfe und Unzer, 2008, ISBN 978-3-8338-1174-6

Netzer, Marina; Ratten: Kleine Wesen mit großem Herz; Independendly Published, 2019, ISBN 978-1093493979

Platen, Heide; Das Rattenbuch – Über die Allgegenwart unserer heimlichen Nachbarn; Campus, 1997, ISBN 3-593-35825-5

Rauth-Widmann, Brigitte; Meine Ratten; Kosmos, 2000, ISBN 3-440-08050-4

Rauth-Widmann, Brigitte; Ratten, Mäuse & Rennmäuse als Heimtiere; Örtel + Spörer, 1999, ISBN 3-88627-224-9

Schulz, Michaela; Das große Heimtierratten Buch; Books on Demand, 2010, ISBN 9783842335516

Verhoef-Verhallen, Esther; Kaninchen- und Nagetiereenzyklopädie; Dörfler Fauna & Flora, ISBN 3-89555-073-6

Weiß-Geißler, Erika; Das andere Rattenbuch; Books on Demand, 2004, ISBN 3-8334-1525-8

Wersba, Barbara; Ein Weihnachtsgeschenk für Walter (Liebenswerte Weihnachtsgeschichte mit Ratte als Haupt"person"); Tulipan, 2. Aufl. 2007, ISBN 978-3939944065

Internet:

Club der Rattenfreunde Schweiz: www.rattenclub.ch

Rattenecke (Haltung von Farbratten): www.rattenecke.com

Rattenforum Ratteneck: www.ratteneck.eu

Rattenzauber (Erika Weiß-Geißler): www.rattenzauber.de

Verein der Rattenliebhaber und -halter in Deutschland: www.vdrd.de

Bubus Rattery: www.bubus-rattery.de (Genetik der Farbratten und mehr)

Käfigbau Barnigeroth (Volieren und Käfige nach Maß):

www.kaefige-nach-mass.com

Tierische Eigenheime (Eigenbauten; Anregungen für handwerkliche geschickte Rattenhalter): www.tierische-eigenheime.de.tl

Anleitungen für selbstgemachtes Rattenzubehör: www.spikeskleinewelt.de

www.trixie.de (Zubehör)

www.knabberzweige.de (Heu, Knabberzweige)

www.kleintiervilla.de (Gehege, Ställe und Volieren)

Zooplus (Zubehör, Futter & Co.): www.zooplus.de

Fressnapf (Zubehör, Futter & Co.): www.fressnapf.de

Weitere Bücher von der Autorin:

Das kleine Buch vom Deutschen Boxer; Books on Demand, 2020, ISBN 9783750469006; 13,00 €

Das kleine Buch vom Deutschen Spitz; Books on Demand, 2., überarb. Aufl. 2018, ISBN 9783744892896, 15,99 €

Das kleine Buch vom Dobermann; Books on Demand, 3., überarb. Aufl. 2020, ISBN 9783751930895; 16,99 €

Das kleine Buch vom Tschechoslowakischen Wolfshund und Saarlooswolfhond; Books on Demand, 4., überarb. Aufl. 2020, ISBN 9783751959407; 25,00 €

Das kleine Buch vom Weißen Schweizer Schäferhund; Books on Demand, 2., überarb. Aufl. 2018, ISBN 9783743192508, 16,99 €

Das kleine Buch vom Wellensittich; Books on Demand, 2017, ISBN 9783743192508, 16,99 €

Das kleine Katzenbuch; Books on Demand, 2017, ISBN 9783743180116, 22,99 €

Das kleine Schlittenhunde-Buch; Books on Demand, 2018, ISBN 9783748107194; 18,00 €

Das kleine Schnüffelbuch; Books on Demand, 2020, ISBN ISBN 9783751902267; 14,99 €

Das Seidenpfotenbuch; Books on Demand, 2018, ISBN 9783749470549; 20,99 €

Deutsche Spitze: Vergessen und doch geliebt; Books on Demand, 2020, ISBN 9783750434660

Eisenach: Die Stadt am Fuße der Wartburg; Books on Demand, 2018, ISBN 9783752876659, 22,99 €

Eisenach: Die Stadt im grünen Herzen Thüringen; Books on Demand, 2020, ISBN 9783751954976; 17,00 €

Eisenach: Ein Bilderbuch; Books on Demand, 2018, ISBN 9783752802733, 9,99 €

Katzen: Liebenswerte Seidenpfoten; Books on Demand, 2018, ISBN 9783752839920; 12,00 €

Nasenarbeit für Hunde; Books on Demand, 2018, ISBN 9783752849660, 18,99 €

Rund um die Wartburg; Books on Demand, 2017, ISBN 9783746046945, 19,99 €

Schlittenhunde: Ein Bildband; Books on Demand, 2., überarb. Aufl. 2018, ISBN 9783746077505; 30,00 €

Weiß wie Schnee und Schwarz wie Ebenholz: Weißer Schweizer Schäfer-hund; Books on Demand; 2019, ISBN 9783749454211; 10,00 €

Weiße Schweizer Schäferhunde einmal anders; Books on Demand, 2018, ISBN 9783752895605; 16,99 €

Weiße Schweizer Schäferhunde: Perlen im Licht der Sonne; Books on De-mand, 2018, ISBN 9783746066103; 20,99 €

Weißer Schweizer Schäferhund; Books on Demand, 2018, ISBN 9783752823653; 10,00 €

Wellensittiche: Liebenswerte Flatterbande; Books on Demand, 2019, ISBN 9783732290390; 15,00 €

Wellensittiche; Books on Demand, 2018, ISBN 9783746098517; 20,99 €

Ratten: Liebenswerte Riesenmäuse.; Books on Demand, 2021, ISBN 9783752659412; 7,00 €

Treue Freunde; Books on Demand, 2021; ISBN 9783753478654; 14.00 €

Das andere Katzenbuch; Books on Demand, 2021, ISBN 9783754325346; 7,00 €

Das andere Pferdebuch; Books on Demand, 2021, ISBN 9783755741541; 12,00 €

Das kleine Buch vom Samojeden; Books on Demand, 5., überarb. Aufl. 2021, ISBN 9783755758570; 17,00 €

Weitere Bücher von der Autorin:

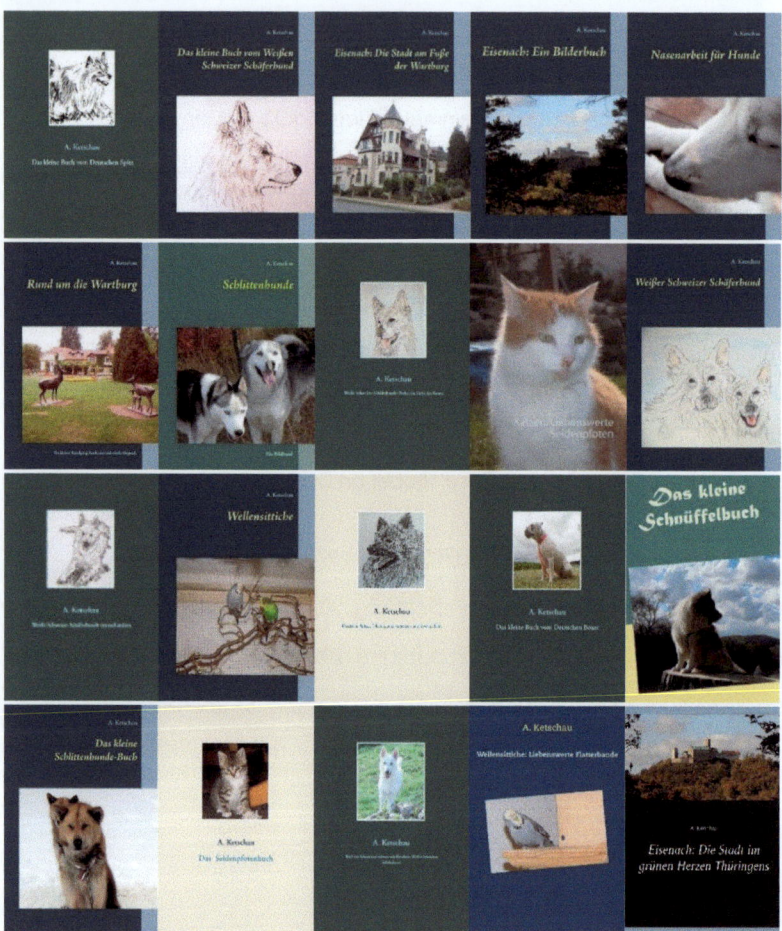